Николай Носов

ФАНТАЗЁРЫ
И ДРУГИЕ РАССКАЗЫ

Художник
Александр Борисенко

Издание И. П. Носова

Москва
«Махаон»

Замазка

Однажды стекольщик замазывал на зиму рамы, а Костя и Шурик стояли рядом и смотрели. Когда стекольщик ушёл, они отковыряли от окон замазку и стали лепить из неё зверей. Только звери у них не получились. Тогда Костя слепил змею и говорит Шурику:

– Посмотри, что у меня получилось.

Шурик посмотрел и говорит:

– Ливерная колбаса.

Костя обиделся и спрятал замазку в карман. Потом они пошли в кино. Шурик всё беспокоился и спрашивал:

– Где замазка?

А Костя отвечал:

– Вот она, в кармане. Не съем я её!

В кино они взяли билеты и купили два мятных пряника. Вдруг зазвонил звонок. Костя бросился занимать место, а Шурик где-то застрял. Вот Костя занял два места. На одно сел сам, а на другое положил замазку. Вдруг пришёл незнакомый гражданин и сел на замазку.

Костя говорит:

– Это место занято, здесь Шурик сидит.

– Какой такой Шурик? Здесь я сижу, – сказал гражданин.

Тут прибежал Шурик и сел рядом с другой стороны.

– Где замазка? – спрашивает.

– Тише! – прошептал Костя и покосился на гражданина.

– Кто это? – спрашивает Шурик.

– Не знаю.

– Чего ж ты его боишься?

– Он на замазке сидит.

– Зачем же ты отдал ему?

– Я не давал, а он сел.

– Так забери!

Тут погас свет и началось кино.

– Дяденька, – сказал Костя, – отдайте замазку.

– Какую замазку?

– Которую мы из окна выковыряли.

– Из окна выковыряли?

– Ну да. Отдайте, дядя!

– Да я ведь не брал у вас!

– Мы знаем, что не брали. Вы сидите на ней.

– Сижу?!

– Ну да.

Гражданин подскочил на стуле.

– Чего ж ты раньше молчал, негодный?

– Так я ведь говорил вам, что место занято.

– Когда же ты говорил? Когда я сел уже!

– Откуда же я знал, что вы сядете?

Гражданин встал и принялся шарить на стуле.

– Ну, где же ваша замазка, злодеи? – проворчал он.

– Постойте, вот она! – сказал Костя.

– Где?

– Вот, на стуле размазалась. Мы сейчас счистим.

– Счищайте скорей, негодные! – кипятился гражданин.

– Садитесь! – кричали на них сзади.

– Не могу, – оправдывался гражданин. – У меня тут замазка.

Наконец ребята соскоблили замазку.

– Ну, теперь хорошо, – сказали они. – Садитесь.

Гражданин сел.

Стало тихо.

Костя уже хотел смотреть кино, но тут послышался шёпот Шурика:

– Ты уже съел свой пряник?

– Нет ещё. А ты?

– Я тоже нет. Давай есть.

– Давай.

Послышалось чавканье. Костя вдруг плюнул и прохрипел:

– Послушай, у тебя пряник вкусный?

– Угу.

– А у меня невкусный. Мягкий какой-то. Наверное, растаял в кармане.

– А замазка где?

– Замазка вот, в кармане... Только постой! Это не замазка, а пряник. Тьфу! В темноте перепутал, понимаешь, замазку и пряник. Тьфу! То-то я гляжу, что она невкусная!

Костя со злости швырнул замазку на пол.

– Зачем же ты её бросил? – спросил Шурик.

– А на что мне она?

– Тебе не нужна, а мне нужна, – проворчал Шурик и полез под стул искать замазку. – Где же она? – сердился он. – Вот ищи теперь.

– Сейчас я найду, – сказал Костя и тоже исчез под стулом.

– Ай! – послышалось вдруг откуда-то снизу. – Дядя, пустите!

– Кто это там?

– Это я.

– Кто – я?

– Я, Костя. Пустите меня!

– Да я ведь не держу тебя.

– Вы мне на руку наступили!

– Чего ж ты полез под стул?

– Я замазку ищу.

Костя пролез под стулом и встретился с Шуриком нос к носу.

– Кто это? – испугался он.

– Это я, Шурик.

– А это я, Костя.

– Нашёл?

– Ничего не нашёл.

– И я не нашёл.

– Давай лучше кино смотреть, а то все пугаются, в лицо ногами тыкают, думают – собака.

Костя и Шурик пролезли под стульями и уселись на свои места.

Перед ними на экране мелькнула надпись: «Конец».

Публика бросилась к выходу. Ребята вышли на улицу.

– Что это за кино мы смотрели? – говорит Костя. – Я что-то ничего не разобрал.

– А я, думаешь, разобрал? – ответил Шурик. – Какая-то чепуха на постном масле. Показывают же такие картины!

Фантазёры

Мишутка и Стасик сидели в саду на скамеечке и разговаривали. Только они разговаривали не просто, как другие ребята, а рассказывали друг другу разные небылицы, будто пошли на спор, кто кого переврёт.

– Сколько тебе лет? – спрашивает Мишутка.

– Девяносто пять. А тебе?

– А мне сто сорок. Знаешь, – говорит Мишутка, – раньше я был большой-большой, как дядя Боря, а потом сделался маленький.

– А я, – говорит Стасик, – сначала был маленький, а потом вырос большой, а потом снова стал маленький, а теперь опять скоро буду большой.

– А я, когда был большой, всю реку мог переплыть, – говорит Мишутка.

– У! А я море мог переплыть!

– Подумаешь – море! Я океан переплывал!

– А я раньше летать умел!

– А ну, полети!

– Сейчас не могу: разучился.

– А я один раз купался в море, – говорит Мишутка, – и на меня напала акула. Я её бац кулаком, а она меня цап за голову – и откусила.

– Врёшь!

– Нет, правда!

– Почему же ты не умер?

– А зачем мне умирать? Я выплыл на берег и пошёл домой.

– Без головы?

– Конечно, без головы. Зачем мне голова?

– Как же ты шёл без головы?

– Так и шёл. Будто без головы ходить нельзя!

– Почему же ты теперь с головой?

– Другая выросла.

«Ловко придумал!» – позавидовал Стасик. Ему хотелось соврать получше Мишутки.

– Ну, это что! – сказал он. – Вот я раз был в Африке, и меня там крокодил съел!

– Вот так соврал! – рассмеялся Мишутка.

– Вовсе нет.

– Почему же ты теперь живой?

– Так он же меня потом выплюнул.

Мишутка задумался. Ему хотелось переврать Стасика. Он думал, думал, наконец говорит:

– Один раз я шёл по улице. Кругом трамваи, автомобили, грузовики...

– Знаю, знаю! – закричал Стасик. – Сейчас расскажешь, как тебя трамвай переехал. Ты уже врал про это.

– Ничего подобного. Я не про это.

– Ну ладно. Ври дальше.

– Вот я иду, никого не трогаю. Вдруг навстречу автобус. Я его не заметил, наступил ногой – рраз! – и раздавил в лепёшку.

– Ха-ха-ха! Вот это враки!

– А вот и не враки!

– Как же ты мог раздавить автобус?

– Так он же совсем маленький был, игрушечный. Его мальчишка на верёвочке тащил.

– Ну, это неудивительно, – сказал Стасик. – А я раз на Луну летал.

– Эва куда махнул! – засмеялся Мишутка.

– Не веришь? Честное слово!

– На чём же ты летал?

– На ракете. На чём ещё на Луну летают? Будто не знаешь сам!

– Что же ты там на Луне видел?

– Ну, что... – замялся Стасик. – Что я там видел? Ничего и не видел.

– Ха-ха-ха! – рассмеялся Мишутка. – А говорит, на Луну летал!

– Конечно, летал.

– Почему же ничего не видел?

– А темно было. Я ведь ночью летал. Во сне. Сел на ракету и как полечу в космическое пространство. У-у-у! А потом как полечу обратно... Летел, летел, а потом бряк о землю... ну и проснулся...

– А-а, – протянул Мишутка. – Так бы сразу и говорил. Я ведь не знал, что ты – во сне.

Тут пришёл соседский Игорь и сел рядом на скамеечке. Он слушал, слушал Мишутку и Стасика, потом говорит:

– Вот врут-то! И вам не стыдно?

– А чего стыдно? Мы же никого не обманываем, – сказал Стасик. – Просто выдумываем, будто сказки рассказываем.

– Сказки! – презрительно фыркнул Игорь. – Нашли занятие.

– А ты думаешь, легко выдумывать?

– Чего проще!

– Ну выдумай что-нибудь.

– Сейчас... – сказал Игорь. – Пожалуйста.

Мишутка и Стасик обрадовались и приготовились слушать.

– Сейчас, – повторил Игорь. – Э-э-э... гм... кхм... э-э-э...

– Ну что ты всё «э» да «э»!

– Сейчас! Дайте подумать.

– Ну, думай, думай!

– Э-э-э, – снова сказал Игорь и посмотрел на небо. – Сейчас, сейчас... э-э-э...

– Ну, чего же ты не выдумываешь? Говорил – чего проще!

– Сейчас... Вот! Один раз я дразнил собаку, а она меня цап за ногу и укусила. Вот даже шрам остался.

– Ну и что же ты тут выдумал? – спросил Стасик.

– Ничего. Как было, так и рассказал.

– А говорил – выдумывать мастер!

– Я мастер, да не такой, как вы. Вот вы всё врёте, да без толку, а я вчера соврал, мне от этого польза.

– Какая польза?

– А вот. Вчера вечером мама и папа ушли, а мы с Ирой остались дома. Ира легла спать, а я залез в буфет и съел полбанки варенья. Потом думаю: как бы мне не попало. Взял Ирке губы вареньем намазал. Мама пришла: «Кто варенье съел?» Я говорю: «Ира». Мама посмотрела, а у неё все губы в варенье. Сегодня утром ей от мамы досталось, а мне мама ещё варенья дала. Вот и польза.

– Значит, из-за тебя другому досталось, а ты и рад! – сказал Мишутка.

– А тебе что?

– Мне ничего. А вот ты этот... как это называется... Брехун! Вот!

– Сами вы брехуны!

– Уходи! Не желаем с тобой на лавочке сидеть.

– Я и сам не стану с вами сидеть.

Игорь встал и ушёл. Мишутка и Стасик тоже пошли домой. По дороге им попалась палатка с мороженым. Они остановились, стали рыться в карманах и считать, сколько у них денег. У обоих набралось только на одну порцию мороженого.

Продавщица дала им мороженое на палочке.

– Пойдём домой, – говорит Мишутка, – разрежем ножом, чтоб было точно.

– Пойдём.

На лестнице они встретили Иру. Глаза у неё были заплаканные.

– Ты чего ревела? – спрашивает Мишутка.

– Меня мама гулять не пускала.

– За что?

– За варенье. А я его и не ела. Это Игорь на меня наговорил. Наверное, сам съел, а на меня свалил.

– Конечно, Игорь съел. Он сам нам хвастался. Ты не плачь. Пойдём, я тебе свою полпорцию мороженого дам, – сказал Мишутка.

– И я тебе свою полпорцию отдам, вот только попробую разочек и отдам, – пообещал Стасик.

– А вы разве не хотите сами?

– Не хотим. Мы уже по десять порций съели сегодня, – сказал Стасик.

– Давайте лучше это мороженое на троих разделим, – предложила Ира.

– Правильно! – сказал Стасик. – А то у тебя заболит горло, если ты одна всю порцию съешь.

Пошли они домой, разделили мороженое на три части.

– Вкусная штука! – сказал Мишутка. – Я очень люблю мороженое. Один раз я съел целое ведро мороженого.

– Ну, ты выдумываешь всё! – засмеялась Ира. – Кто тебе поверит, что ты ведро мороженого съел!

– Так оно ведь совсем маленькое было, вёдрышко! Такое бумажное, не больше стакана…

Карасик

Мама недавно подарила Виталику аквариум с рыбкой. Очень хорошая была рыбка, красивая! Серебристый карасик – вот как она называлась. Виталик был рад, что у него есть карасик. Первое время он очень интересовался рыбкой – кормил её, менял воду в аквариуме, а потом привык к ней и иногда даже забывал её вовремя покормить.

А ещё у Виталика был котёнок Мурзик. Он был серый, пушистый, а глаза у него были большие, зелёные. Мурзик очень любил смотреть на рыбку. По целым часам он сидел возле аквариума и не сводил глаз с карасика.

– Ты смотри за Мурзиком, – говорила Виталику мама. – Как бы он не съел твоего карася.

– Не съест, – отвечал Виталик. – Я буду смотреть.

Однажды, когда мамы не было дома, к Виталику пришёл его друг Серёжа. Он увидел в аквариуме рыбку и сказал:

– Давай меняться. Ты дай мне карасика, а я, если хочешь, дам тебе свой свисток.

– Зачем мне свисток? – сказал Виталик. – По-моему, рыбка лучше свистка.

– Чем же она лучше? Свисток свистеть может. А рыбка что? Разве может рыбка свистеть?

– Зачем же рыбке свистеть? – ответил Виталик. – Рыбка свистеть не может, зато она плавает. А свисток разве может плавать?

– Сказал! – засмеялся Серёжа. – Где это видано, чтобы свистки плавали! Зато рыбку может кот съесть, вот и не будет у тебя ни свистка, ни рыбки. А свисток кот не съест – он железный.

– Мне мама не позволяет меняться. Она говорит, что сама купит, если мне что-нибудь надо, – сказал Виталик.

– Где же она купит такой свисток? – ответил Серёжа. – Такие свистки не продаются. Это настоящий милиционерский свисток. Я как выйду во двор да как засвищу, сразу все подумают, что милиционер пришёл.

Серёжа вынул из кармана свисток и засвистел.

– А ну, дай я, – попросил Виталик.

Он взял свисток и подул в него. Свисток звонко, переливчато засвистел. Виталику очень понравилось, как он свистит. Ему захотелось иметь свисток, но он не мог сразу решиться и сказал:

– А где у тебя будет жить рыбка? У тебя ведь аквариума нет.

– А я посажу её в банку из-под варенья. У нас большая банка есть.

– Ну ладно, – согласился Виталик.

Ребята принялись ловить рыбку в аквариуме, но карась плавал быстро и не давался в руки.

Они набрызгали вокруг водой, а Серёжа измочил рукава до самых локтей. Наконец ему удалось схватить карасика.

– Есть! – закричал он. – Давай сюда какую-нибудь кружку с водой! Я посажу туда рыбку.

Виталик поскорей налил в кружку воды. Серёжа посадил карася в кружку. Ребята пошли к Серёже – сажать рыбку в банку. Банка оказалась не очень большая, и карасику в ней было не так просторно, как в аквариуме. Ребята долго смотрели, как карасик плавает в банке. Серёжа радовался, а Виталику было жалко, что теперь у него не будет рыбки, а главное, он боялся признаться маме, что променял карасика на свисток.

«Ну, ничего, может быть, мама и не заметит сразу, что рыбка пропала», – подумал Виталик и пошёл домой.

Когда он вернулся, мама уже была дома.

– Где же твоя рыбка? – спросила она.

Виталик растерялся и не знал, что сказать.

– Может быть, её Мурзик съел? – спросила мама.

– Не знаю, – пробормотал Виталик.

– Вот видишь, – сказала мама. – Он выбрал-таки время, когда дома никого не было, и выловил из аквариума рыбку! Где он, разбойник? Ну-ка, найди мне его сейчас!

– Мурзик! Мурзик! – стал звать Виталик, но кота нигде не было.

– Наверно, в форточку убежал, – сказала мама. – Пойди-ка во двор, позови его.

Виталик надел пальто и вышел во двор.

«Вот как нехорошо получилось! – думал он. – Теперь Мурзику из-за меня достанется».

Он хотел вернуться домой и сказать, что Мурзика во дворе нет, но тут Мурзик выскочил из отдушины, которая была под домом, и быстро побежал к двери.

– Мурзинька, не ходи домой, – сказал Виталик. – Тебе попадёт от мамы.

Мурзик замурлыкал, принялся тереться спинкой об ноги Виталика, потом поглядел на закрытую дверь и потихоньку мяукнул.

– Не понимаешь, глупый, – сказал Виталик. – Тебе ведь человеческим языком говорят, что нельзя домой.

Но Мурзик, конечно, ничего не понимал. Он ласкался к Виталику, тёрся об него боками и потихоньку бодал его головой, будто торопил поскорей открыть дверь. Виталик стал отталкивать его от двери, но Мурзик не хотел уходить. Тогда Виталик спрятался от него за дверь.

«Мяу!» – закричал Мурзик под дверью.

Виталик поскорей вышел обратно:

– Тише! Кричит тут! Вот мама услышит, тогда узнаешь!

Он схватил Мурзика и принялся запихивать его обратно в отдушину под домом, из которой Мурзик только что вылез. Мурзик упирался всеми четырьмя лапами и не хотел лезть в отдушину.

– Лезь, глупый! – уговаривал его Виталик. – Посиди там пока.

Наконец он его целиком запихал в отдушину. Только хвост Мурзика остался торчать снаружи. Некоторое время Мурзик сердито вертел хвостом, потом и хвост скрылся в отдушине. Виталик обрадовался. Он думал, что котёнок останется теперь сидеть в подвале, но тут Мурзик снова выглянул из дыры.

– Ну куда же ты лезешь, глупая голова! – зашипел Виталик и загородил выход руками. – Говорят же тебе: нельзя домой идти.

«Мяу!» – закричал Мурзик.

– Вот тебе и «мяу»! – передразнил его Виталик. – Ну что мне теперь делать с тобой?

Он стал оглядываться вокруг и искать, чем бы закрыть дыру. Рядом лежал кирпич. Виталик поднял его и закрыл дыру кирпичом.

– Вот теперь не вылезешь, – сказал он. – Посиди там, в подвале, а завтра мама забудет про рыбку и я тебя выпущу.

Виталик вернулся домой и сказал, что Мурзика во дворе нет.

– Ничего, – сказала мама, – вернётся. Я всё равно не прощу ему этого.

За обедом Виталик сидел грустный и даже не хотел ничего есть.

«Я вот обедаю, – думал он, – а Мурзик, бедный, в подвале сидит».

Когда мама вышла из-за стола, он незаметно сунул в карман котлету и пошёл во двор. Там он отодвинул кирпич, которым была закрыта отдушина, и потихоньку позвал:

– Мурзик! Мурзик!

Но Мурзик не отзывался. Виталик нагнулся и заглянул в дыру. В подвале было темно и ничего не было видно.

– Мурзик! Мурзинька! – звал Виталик. – Я тебе котлету принёс!

Мурзик не вылезал.

– Не хочешь – ну и сиди, глупая голова! – сказал Виталик и вернулся домой.

Дома без Мурзика ему было скучно. На душе было как-то нехорошо, потому что он обманул маму. Мама заметила, что он грустный, и сказала:

– Не горюй! Я тебе другую рыбку куплю.

– Не надо, – сказал Виталик.

Он уже хотел признаться маме во всём, но у него не хватило смелости, и он ничего не сказал. Тут за окном послышался шорох и раздался крик:

«Мяу!»

Виталик посмотрел в окно и увидел снаружи на подоконнике Мурзика. Видно, он вылез из подвала через другую дырку.

– А! Пришёл наконец, разбойник! – сказала мама. – Иди-ка сюда, иди!

Мурзик прыгнул в открытую форточку и очутился в комнате. Мама хотела схватить его, но он, видно, догадался, что его хотят наказать, и шмыгнул под стол.

– Ишь ты, хитрец какой! – сказала мама. – Чувствует, что виноват. Ну-ка, поймай его.

Виталик полез под стол. Мурзик увидел его и юркнул под диван. Виталик был рад, что Мурзик удрал от него. Он полез под диван и нарочно старался шуметь, чтобы Мурзик услышал и успел убежать. Мурзик выскочил из-под дивана. Виталик погнался за ним и принялся бегать по всей комнате.

– Что ты такой шум поднял? Разве его так поймаешь! – сказала мама.

Тут Мурзик прыгнул на подоконник, где стоял аквариум, и хотел выскочить обратно в форточку, но сорвался и с размаху как плюхнется в аквариум! Вода так и брызнула в разные стороны. Мурзик выскочил из аквариума и давай отряхиваться. Тут мама и схватила его за шиворот:

– Вот я тебя проучу как следует!

– Мамочка, миленькая, не бей Мурзика! – заплакал Виталик.

– Нечего его жалеть, – сказала мама. – Он ведь не пожалел рыбку!

– Мамочка, он не виноват!

– Как же «не виноват»? А кто карася съел?

– Это не он.

– А кто же?

– Это я...

– Ты съел? – удивилась мама.

– Нет, я не съел. Я его на свисток променял.

– На какой свисток?

– Вот на этот.

Виталик вынул из кармана свисток и показал маме.

– Как же тебе не стыдно? – сказала мама.

– Я нечаянно. Серёжа сказал: «Давай меняться», я и поменялся.

– Я не о том говорю! Я говорю, почему ты не сказал правду? Я ведь на Мурзика подумала. Разве честно на других сваливать?

– Я боялся, что ты станешь бранить меня.

– Это только трусы боятся говорить правду! Хорошо было бы, если б я наказала Мурзика?

– Я больше не буду.

– Ну, смотри! Только потому прощаю, что ты всё-таки сам признался, – сказала мама.

Виталик взял Мурзика и понёс к батарее сушиться. Он посадил его на скамеечке и сел рядом с ним. Мокрая шерсть на Мурзике торчала в разные стороны, как иголки у ёжика, и от этого Мурзик казался таким худым-худым, будто целую неделю совсем ничего не ел. Виталик вынул из кармана котлету и положил перед Мурзиком. Мурзик съел котлету, потом забрался на колени к Виталику, свернулся калачиком и замурлыкал свою песенку.

Прятки

Витя и Славик – соседи. Они всегда ходят друг к другу в гости. Вот раз Витя пришёл в гости к Славику. Славик ему говорит:

– Давай играть в прятки!

– Давай, – согласился Витя. – Чур, я первый буду прятаться!

– Ну ладно, а я буду водить, – сказал Славик и пошёл в коридор.

Витя побежал в комнату, залез под кровать и кричит:

– Готово!

Славик пришёл, заглянул под кровать и сразу нашёл его. Витя вылез из-под кровати и говорит:

– Это неправильно! Я плохо спрятался! Если б я хорошо спрятался, ты не нашёл бы меня. Я перепрячусь.

– Ну, пожалуйста, перепрятывайся, – согласился Славик и снова пошёл в коридор.

Витя побежал во двор и стал искать, где бы спрятаться. Смотрит – возле сарая собачья конура стоит, а в ней Бобик сидит. Он поскорей выгнал из конуры Бобика, сам залез на его место и снова кричит:

– Готово!

Славик вышел во двор и стал искать Витю. Искал, искал, никак не может найти.

А Вите надоело в конуре сидеть, он и начал выглядывать из неё. Тут Славик увидел его и закричал:

– А, вот ты куда забрался! Вылезай!

Витя вылез из конуры и говорит:

– Это неправильно! Это не ты меня нашёл. Я сам выглянул.

– Зачем же ты выглянул?

– Мне надоело в конуре скрюченным сидеть. Если б я не был скрюченный, ты не нашёл бы меня. Я перепрячусь.

– Нет, теперь уж моя очередь прятаться, – говорит Славик.

– Ну, тогда я совсем не буду играть! – обиделся Витя.

– Ладно, перепрятывайся, раз ты такой, – согласился Славик.

Витя побежал в комнату, закрыл дверь, а сам забрался за вешалку и спрятался под пальто. Славик снова пошёл его искать. Он открыл дверь, а Бобик шмыгнул в неё, подбежал прямо к вешалке и стал ласкаться к Вите. Витя рассердился и начал отталкивать Бобика ногой. Славик увидел и закричал:

– А, вот ты где! За вешалкой! Вылезай!

Витя вылез и говорит:

– Это неправильно! Ты меня не нашёл! Это Бобик меня нашёл. Я перепрячусь.

– Что же это такое? – говорит Славик. – Ты всё время прячешься, а я каждый раз должен искать.

– Вот найди меня ещё раз, тогда ты будешь прятаться, – сказал Витя.

Славик снова зажмурил глаза, а Витя побежал на кухню, вытащил из посудного шкафчика всю посуду, сам залез в шкафчик и кричит:

– Готово!

Славик пошёл на кухню, видит – из шкафчика вся посуда вытащена, и сразу догадался, где Витя. Он потихоньку подкрался к шкафу, запер его на крючок, а сам побежал во двор и стал играть с Бобиком в прятки. Спрячется, а Бобик его ищет.

«Вот хорошо! – думает Славик. – С Бобиком гораздо лучше играть, чем с Витей».

А Витя сидел в шкафчике, сидел, ему и надоело. Он хотел вылезти, а дверца не открывается. Он испугался и давай кричать:

– Славик! Славик!

Славик услышал и прибежал.

– Выпусти меня отсюда! – закричал Витя. – Дверца почему-то не открывается.

– А будешь меня искать, тогда выпущу.

– Зачем же мне тебя искать, раз ты не нашёл меня.

– Я ведь нашёл.

– Это не ты меня нашёл! Я сам закричал. Если б я не закричал, ты не нашёл бы!

– Ну и сиди себе в шкафчике, а я пойду гулять, – говорит Славик.

– Не имеешь права! – закричал Витя. – Это не по-товарищески!

– А разве по-товарищески – заставлять меня всё время искать?

– По-товарищески.

– Ну, тогда сиди в шкафу до самого вечера.

– Ладно, буду теперь тебя искать, только выпусти, – стал просить Витя.

Славик откинул крючок. Витя вылез из шкафа, увидел крючок и говорит:

– Это ты нарочно запер меня? Не буду за это тебя искать!

– И не надо, – говорит Славик. – Я лучше с Бобиком буду играть.

– А разве Бобик умеет искать?

– Ого! Ещё даже лучше тебя!

– Ну, давай тогда вместе от Бобика прятаться.

Витя и Славик пошли во двор и стали прятаться от Бобика. Бобик хорошо умел в прятки играть, только глаза зажмуривать не умел.

Телефон

Один раз мы с Мишкой были в игрушечном магазине и увидели замечательную игрушку – телефон. В большой деревянной коробке лежали два телефонных аппарата, две трубки, в которые говорить и слушать, и целая катушка проволоки. Продавщица объяснила нам, что если один телефон поставить в одной квартире, а другой – у соседей и соединить оба аппарата проволокой, то можно переговариваться.

– Вот нам бы купить! Мы как раз соседи, – сказал Мишка. – Хорошая штука! Это не какая-нибудь простая игрушка, которую поломаешь и выбросишь. Это полезная вещь!

– Да, – говорю я, – очень полезная штука! Захотел поговорить, взял трубку – поговорил, и ходить никуда не надо.

– Удобство! – восторгался Мишка. – Сидишь дома и разговариваешь. Замечательно!

Мы с Мишкой решили собирать деньги, чтобы купить телефон. Две недели подряд мы не ели мороженого, не ходили в кино – всё деньги копили. Наконец насобирали сколько было нужно и купили телефон.

Примчались из магазина домой с коробкой. Один телефон у меня поставили, другой – у Мишки и от моего телефона протянули проволоку через форточку вниз, прямо к Мишкиному телефону.

– Ну, – говорит Мишка, – попробуем разговаривать. Беги наверх и слушай.

Я помчался к себе, взял трубку и слушаю, а трубка уже кричит Мишкиным голосом:

– Алло! Алло!

Я тоже как закричу:

– Алло!

– Слышно что-нибудь? – кричит Мишка.

– Слышно. А тебе слышно?

– Слышно. Вот здорово! Тебе хорошо слышно?

– Хорошо. А тебе?

– И мне хорошо! Ха-ха-ха! Слышно, как я смеюсь?

– Слышно. Ха-ха-ха! А тебе слышно?

– Слышно. Послушай, сейчас я к тебе приду.

Мишка прибежал ко мне, и мы принялись обниматься от радости.

– Хорошо, что купили телефон! Правда? – говорит Мишка.

– Конечно, – говорю, – хорошо.

– Слушай, сейчас я пойду обратно и позвоню тебе.

Он убежал и позвонил снова.

Я взял трубку:

– Алло!

– Алло!

– Слышно?

– Слышно.

– Хорошо?

– Хорошо.

– И у меня хорошо. Давай разговаривать.

– Давай, – говорю. – А о чём разговаривать?

– Ну, о чём… о чём-нибудь… Хорошо, что мы купили телефон, правда?

– Правда.

– Вот если бы не купили, было бы плохо. Правда?

– Правда.

– Ну?

– Что «ну»?

– Чего же ты не разговариваешь?

– А ты почему не разговариваешь?

– Да я не знаю, о чём разговаривать, – говорит Мишка. – Это всегда так бывает: когда надо разговаривать, так не знаешь, о чём разговаривать, а когда не надо разговаривать, так разговариваешь и разговариваешь…

Я говорю:

– Давай вот что: подумаем, а когда придумаем, тогда позвоним.

– Ладно.

Я повесил трубку и стал думать. Вдруг звонок. Я взял трубку.

– Ну, придумал? – спрашивает Мишка.

– Нет, ещё не придумал.

– Я тоже ещё не придумал.

– Зачем же ты звонишь, раз не придумал?

– А я думал, что ты придумал.

– Я сам тогда позвонил бы.

– А я думал, что ты не догадаешься.

– Что ж я, по-твоему, осёл?

– Нет, какой же ты осёл! Ты совсем не осёл! Разве я говорю, что ты осёл!

– А что ты говоришь?

– Ничего. Говорю, что ты не осёл.

– Ну ладно, довольно тебе про осла твердить! Давай лучше уроки учить.

– Давай.

Я повесил трубку и сел за уроки. Вдруг Мишка снова звонит:

– Слушай, сейчас я буду петь и на рояле играть по телефону.

– Ну, пой, – говорю.

Послышалось какое-то шипение, потом забренчала музыка, и вдруг Мишка запел не своим голосом:

– Куда, куда вы удалились,
Весны моей златые дни-и-и?

«Что это? – думаю. – Где он так петь выучился?»

Вдруг Мишка сам является. Рот до ушей.

– Ты думал, это я пою? Это патефон по телефону поёт! Дай-ка, я послушаю.

Я дал ему трубку. Он слушал, слушал, потом как бросит трубку – и бегом вниз. Я взял трубку, а там: «Пш-ш-ш! Пш-ш-ш! Др-р-р! Др-р-р!» Наверно, пластинка кончилась. Я снова сел за уроки. Опять звонок. Я взял трубку:

– Алло!

А из трубки:

– Ав! Ав! Ав!

– Ты чего, – говорю, – по-собачьи лаешь?

– Это не я. Это с тобой Дружок разговаривает. Слышишь, как он кусает трубку зубами?

– Слышу.

– Это я ему в морду тыкаю трубкой, а он её зубами грызёт.

– Ты бы лучше не портил трубку.

– Ничего, она железная... Ай! Пошёл вон! Я тебе покажу как кусаться! Вот тебе! (Ав! Ав! Ав!) Кусается, понимаешь?

– Понимаю, – говорю.

Снова сел за уроки. Через минуту звонок. Я взял трубку, а там что-то жужжит:

«Жжу-у-у-у!»

– Алло! – кричу я.

«Жуу-у! Жжу-у!»

– Чем ты там жужжишь?

– Мухой.

– Какой мухой?

– Ну, простой мухой. Я её держу перед трубкой, а она крылышками машет и жужжит.

Целый вечер мы с Мишкой звонили друг другу и выдумывали разные фокусы: пели, кричали, рычали, мычали, даже шёпотом разговаривали – всё было слышно. Уроки я кончил поздно и думаю:

«Позвоню ещё раз Мишке, перед тем как лечь спать».

Позвонил, а он не отвечает.

«Что же это? – думаю. – Неужели телефон испортился?»

Позвонил ещё раз – опять нет ответа! Думаю:

«Надо пойти узнать, в чём дело».

Прибегаю к нему... Батюшки! Он телефон положил на стол и ломает. Батарею из аппарата вытащил, звонок разобрал и уже трубку развинчивает.

– Стой! – говорю. – Ты зачем телефон ломаешь?

– Да я не ломаю. Я только хочу посмотреть, как он устроен. Разберу, а потом соберу обратно.

– Так разве ты соберёшь? Это понимать надо.

– Ну я и понимаю. Чего тут ещё не понимать!

Он развинтил трубку, вынул из неё какие-то железки и стал отковыривать круглую пластинку, которая внутри была. Пластинка вырвалась, и из трубки посыпался чёрный порошок. Мишка испугался и стал собирать порошок обратно в трубку.

– Ну, вот видишь, – говорю, – что ты наделал!

– Ничего, – говорит, – я сейчас соберу всё как было.

И стал собирать. Возился, возился... Винтики маленькие, завинчивать трудно. Наконец собрал трубку, только железка у него одна осталась и два винтика лишних.

– А это откуда – железка? – спрашиваю.

– Ах я разиня! – говорит Мишка. – Забыл! Её надо было там внутри привинтить. Придётся снова разбирать трубку.

– Ну, – говорю, – я пойду домой, а ты, как только будет готово, позвони мне.

Пошёл я домой и стал ждать. Ждал, ждал, так ничего не дождался и спать лёг.

Наутро телефон как зазвонит! Я вскочил неодетый, схватил трубку и кричу:

– Слушаю!

А из трубки в ответ:

– Ты чего хрюкаешь?

– Как это – хрюкаю? Я не хрюкаю, – говорю я.

– Брось хрюкать! Говори по-человечески! – кричит Мишка.

– Я и говорю по-человечески. Зачем хрюкать?

– Ну, довольно тебе баловаться! Всё равно я не поверю, что ты поросёнка в комнату притащил.

– Да говорят же тебе, что никакого поросёнка нет! – рассердился я.

Мишка замолчал. Через минуту приходит ко мне:

– Ты чего хрюкал по телефону?

– Я не хрюкал.

– Я ведь слышал.

– Да зачем же мне хрюкать?

– Не знаю, – говорит. – Только у меня в трубке всё «хрю-хрю» да «хрю-хрю». Вот пойди, если не веришь, послушай.

Я пошёл к нему и позвонил по телефону:

– Алло!

Сначала ничего не было слышно, а потом потихоньку так:

«Хрюк! Хрюк! Хрюк!»

Я говорю:

– Хрюкает.

А в ответ снова:

«Хрюк! Хрюк! Хрюк!»

– Хрюкает! – кричу я.

А из трубки опять:

«Хрюк! Хрюк! Хрюк! Хрюк!»

Тут я понял, в чём дело, и побежал к Мишке.

– Это ты, – говорю, – телефон испортил!

– Почему?

– Ты разбирал его, вот и испортил у себя в трубке что-то.

– Наверно, я что-нибудь неправильно собрал, – говорит Мишка. – Надо исправить.

– Как же теперь исправишь?

– А я посмотрю, как твой телефон устроен, и свой сделаю так же.

– Не дам я свой телефон разбирать!

– Да ты не бойся! Я осторожно. Надо же починить!

И стал чинить. Возился, возился – и починил так, что совсем ничего не стало слышно. Даже хрюкать перестало.

– Ну, что теперь делать? – спрашиваю я.

– Знаешь, – говорит Мишка, – пойдём в магазин, может быть, там починят.

Пошли мы в игрушечный магазин, но там телефонов не чинили и даже не знали, где чинят. Целый день мы ходили скучные. Вдруг Мишка придумал:

– Чудаки мы! Ведь мы можем по телеграфу переговариваться!

– Как – по телеграфу?

– Очень просто: точка, тире. Звонок-то ведь действует! Короткий звонок – точка, а длинный – тире. Выучим азбуку Морзе и будем переговариваться!

Достали мы азбуку Морзе и стали учить: «А» точка, тире; «Б» – тире, три точки; «В» – точка, два тире... Выучили всю азбуку и стали переговариваться. Сначала у нас получалось медленно, а потом мы научились, как настоящие телеграфисты: «трень-трень-трень!» – и всё понятно. Это даже интереснее было, чем простой телефон. Только это продолжалось недолго. Один раз звоню Мишке утром, а он не отвечает. «Ну, – думаю, – спит ещё». Позвонил позже – опять не отвечает. Пошёл к нему и стучу в дверь. Мишка открыл и говорит:

– Ты чего в дверь барабанишь? Не видишь, что ли?

И показывает на двери кнопку.

– Что это? – спрашиваю.

– Кнопка.

– Какая?

– Электрическая. У нас теперь электрический звонок есть, так что можешь звонить.

– Где ты взял?

– Сам сделал.

– Из чего?

– Из телефона.

– Как – из телефона?

– Очень просто. Звонок из телефона выдрал, кнопку – тоже. И батарею из телефона вынул. Была игрушка – стала вещь!

– Какое же ты имел право телефон разбирать? – говорю я.

– Какое право! Я свой телефон разобрал. Твоего ведь не трогал.

– Так телефон-то наш общий! Если бы я знал, что ты станешь ломать, то и не стал бы с тобой покупать! Зачем мне телефон, если разговаривать не с кем!

– А зачем нам разговаривать? Небось недалеко живём, можно и так прийти поговорить.

– Я с тобой и разговаривать после этого не хочу!

Рассердился я на него и три дня с ним не разговаривал. От скуки и я свой телефон разобрал и сделал из него электрический звонок. Только не так, как у Мишки. Я всё аккуратно устроил. Батарею поставил возле двери на полочке, от неё по стене провода протянул к электрическому звонку и кнопке. А кнопку к двери хорошенько винтиками привинтил, чтоб она не болталась на одном гвозде, как у Мишки. Даже папа и мама похвалили меня за то, что я устроил такую полезную вещь в доме.

Я пошёл к Мишке, чтобы рассказать ему, что у меня теперь тоже электрический звонок есть.

Подхожу к двери, звоню… Нажимал кнопку, нажимал – никто не отворяет. «Может быть, звонок испортился?» – думаю. Стал в дверь стучать. Мишка открыл. Я спрашиваю:

– Что же звонок, не действует?

– Не действует.

– Почему?

– Да я батарею разобрал.

– Зачем?

– Ну, я хотел посмотреть, из чего батарея сделана.

– Как же, – говорю, – ты теперь будешь – без телефона и без звонка?

– Ничего, – вздохнул он, – как-нибудь буду!

Пошёл я домой, а сам думаю: «Почему Мишка такой нескладный? Зачем он всё ломает?!» Мне даже жалко стало его.

Вечером я лёг спать и долго не мог заснуть, всё вспоминал: как у нас был телефон и как из него получился электрический звонок. Потом я стал думать об электричестве, как оно получается в батарее и из чего. Все давно уже спали, а я всё думал про это и никак не мог заснуть. Тогда я встал, зажёг лампу, снял с полки батарею и разломал её. В батарее оказалась какая-то жидкость, в которой мокла чёрная палка, завёрнутая в тряпочку. Я понял, что электричество получалось из этой жидкости. Потом лёг в постель и быстро заснул.

Находчивость

Мы с Вовкой сидели дома, за то что разбили сахарницу. Мама ушла, а к нам пришёл Котька и говорит:

– Давайте играть во что-нибудь.

– Давайте в прятки, – говорю я.

– У, да здесь и прятаться негде! – говорит Котька.

– Почему – негде? Я так спрячусь, что ты вовек не найдёшь. Надо только находчивость проявить.

– А ну-ка, спрячься. Найду в два счёта.

Котька пошёл в коридор и стал считать до двадцати пяти.

Вовка побежал в комнату, а я в чулан. В чулане лежала рогожка. Я залез под неё и свернулся на полу комочком.

Вот Котька сосчитал до двадцати пяти и пошёл искать. Вовку он сразу нашёл под кроватью и стал меня искать. Обыс-

кал всю комнату и кухню. Зашёл в чулан, остановился возле меня и говорит:

– Тут кастрюли какие-то, стул сломанный, рогожка старая. Никого нет!

Потом вернулся в комнату и спрашивает:

– Где он? Ты не видал, Вовка?

– Может, в шкафу сидит? – говорит Вовка. – Ну-ка, открой шкаф... Нету!

– Может быть, в буфет забрался?.. Нету! Куда же он делся?

– Знаю! – закричал Вовка. – Он в сундуке!

– Правильно! Больше ему негде быть. Как мы раньше не догадались!

Они подбежали к сундуку и принялись открывать крышку, но она не открывалась.

– Закрыта, – говорит Котька.

– А может, он изнутри держит?

Они стали стучать по крышке и кричать:

– Вылезай!

– Давай перевернём сундук, – говорит Вовка. – Ну-ка, подхватывай с той стороны! Ра-а-а-зом!

Бух! Сундук перевернулся, даже пол задрожал.

– Нет, наверное, его там нету, – говорит Котька. – Не может же он вверх ногами сидеть!

– Должно быть, он в кухне под печкой, – ответил Вовка.

Они побежали на кухню и стали тыкать кочергой под печку:

– Вылезай! Теперь всё равно попался!

Я насилу удержался от смеха.

– Постой, – говорит Вовка. – Я, кажется, кого-то поймал.

– Ну-ка, тащи его!

– Сейчас, зацеплю кочергой только... Есть! Ну-ка, посмотрим, кто это... Тьфу! Старые валенки!.. Где же его искать?

– Не знаю. Я не играю больше. Выходи! – закричал Котька. – Игра окончена! Не хочешь, ну и сиди себе!

Они вернулись в комнату.

– Может быть, он в комоде? – спрашивает Вовка.

Послышался скрип.

– Ну что ты ищешь в комоде! Разве в ящике спрячешься? – рассердился Котька и пошёл в коридор.

– Почему не спрячешься? Надо проверить, – ответил Вовка.

Он долго скрипел ящиками и вдруг закричал:

– Котька, иди сюда!

– Нашёл? – отозвался Котька.

– Нет, я не могу вылезти.

– Откуда?

– Из комода. Я в комоде сижу.

– Зачем же ты залез в комод?

– Я хотел проверить, можно спрятаться в ящике или нет, а ящик перекосился, и я не могу вылезть.

Тут я не выдержал и громко расхохотался. Котька услышал и бросился искать меня.

– Вытащи меня сначала! – взмолился Вовка.

– Да не кричи ты! Я не разберу, где это он смеётся.

– Вытащи меня! Мне здесь в ящике страшно!

Котька выдвинул ящик и помог Вовке выбраться. Они вместе побежали в чулан. Котька споткнулся об меня и упал.

– Ещё эту рогожку какой-то дурак здесь бросил! – закричал он и со злости как хватит меня ногой.

Я как заору! Вылез из-под рогожки:

– Ты чего дерёшься?

Он увидел меня и обрадовался.

– Ага! Попался! – и побежал в коридор. – Палочка-выручалочка! Тра-та-та!

Я говорю:

– Можешь не тратататакать, я не играю больше. Это не игра, чтоб драться.

Прихожу в комнату... Батюшки! Всё разворочено. Шкафы открыты, из комода ящики вытащены, бельё на полу кучей, сундук вверх дном!

Пришлось нам целый час после этого убирать комнату.

Мишкина каша

Один раз, когда я жил с мамой на даче, ко мне в гости приехал Мишка. Я так обрадовался, что и сказать нельзя! Я очень по Мишке соскучился. Мама тоже была рада его приезду.

– Это очень хорошо, что ты приехал, – сказала она. – Вам вдвоём здесь веселей будет. Мне, кстати, завтра надо в город поехать. Я, может быть, задержусь. Проживёте тут без меня два дня?

– Конечно, проживём, – говорю я. – Мы не маленькие!

– Только вам тут придётся самим обед готовить. Сумеете?

– Сумеем, – говорит Мишка. – Чего там не суметь!

– Ну, сварите суп и кашу. Кашу ведь просто варить.

– Сварим и кашу. Чего там её варить! – говорит Мишка.

Я говорю:

– Ты смотри, Мишка, а вдруг не сумеем! Ты ведь не варил раньше.

– Не беспокойся! Я видел, как мама варит. Сыт будешь, не помрёшь с голоду. Я такую кашу сварю, что пальцы оближешь!

Наутро мама оставила нам хлеба на два дня, варенья, чтобы мы чай пили, показала, где какие продукты лежат, объяснила, как варить суп и кашу, сколько крупы положить, сколько чего. Мы всё слушали, только я ничего не запомнил. «Зачем, – думаю, – раз Мишка знает».

Потом мама уехала, а мы с Мишкой решили пойти на реку рыбу ловить. Наладили удочки, накопали червей.

– Постой, – говорю я. – А обед кто будет варить, если мы на реку уйдём?

– Чего там варить! – говорит Мишка. – Одна возня! Съедим весь хлеб, а на ужин сварим кашу. Кашу можно без хлеба есть.

Нарезали мы хлеба, намазали его вареньем и пошли на реку. Сначала выкупались, потом разлеглись на песке. Греемся на солнышке и хлеб с вареньем жуём. Потом стали рыбу ловить. Только рыба плохо клевала: поймали всего с десяток пескариков. Целый день мы на реке проболтались. К вечеру вернулись домой. Голодные!

– Ну, Мишка, – говорю, – ты специалист. Что варить будем? Только такое, чтоб побыстрей. Есть очень хочется.

– Давай кашу, – говорит Мишка. – Кашу проще всего.

– Ну что ж, кашу так кашу.

Растопили плиту. Мишка насыпал в кастрюлю крупы. Я говорю:

– Сыпь побольше. Есть очень хочется!

Он насыпал полную кастрюлю и воды налил доверху.

– Не много ли воды? – спрашиваю. – Размазня получится.

– Ничего, мама всегда так делает. Ты только за печкой смотри, а я уж сварю, будь спокоен.

Ну, я за печкой смотрю, дрова подкладываю, а Мишка кашу варит, то есть не варит, а сидит да на кастрюлю смотрит, она сама варится.

Скоро стемнело, мы зажгли лампу. Сидим и ждём, когда каша сварится. Вдруг смотрю: крышка на кастрюле приподнялась и из-под неё каша лезет.

– Мишка, – говорю, – что это? Почему каша лезет?

– Куда?

– Шут её знает куда! Из кастрюли лезет!

Мишка схватил ложку и стал кашу обратно в кастрюлю впихивать. Мял её, мял, а она будто пухнет в кастрюле, так и вываливается наружу.

– Не знаю, – говорит Мишка, – с чего это она вылезать вздумала. Может быть, готова уже?

Я взял ложку, попробовал: крупа совсем твёрдая.

– Мишка, – говорю, – куда же вода девалась? Совсем сухая крупа!

– Не знаю, – говорит. – Я много воды налил. Может быть, дырка в кастрюле?

Стали мы кастрюлю осматривать: никакой дырки нет.

– Наверно, испарилась, – говорит Мишка. – Надо ещё подлить.

Он переложил лишнюю крупу из кастрюли в тарелку и подлил в кастрюлю воды. Стали варить дальше. Варили, варили – смотрим, опять каша наружу лезет.

– Ах, чтоб тебя! – говорит Мишка. – Куда же ты лезешь?

Схватил ложку, опять стал лишнюю крупу откладывать. Отложил и снова бух туда кружку воды.

– Вот видишь, – говорит, – ты думал, что воды много, а её ещё подливать приходится.

Варим дальше. Что за комедия! Опять вылезает каша.

Я говорю:

– Ты, наверно, много крупы положил. Она разбухает, и ей тесно в кастрюле становится.

– Да, – говорит Мишка, – кажется, я немного много крупы переложил. Это всё ты виноват: «Клади, говорит, побольше. Есть хочется!»

– А откуда я знаю, сколько надо класть? Ты ведь говорил, что умеешь варить.

– Ну и сварю, не мешай только.

– Пожалуйста, не буду тебе мешать.

Отошёл я в сторонку, а Мишка варит, то есть не варит, а только и делает, что лишнюю крупу в тарелки перекладывает. Весь стол уставил тарелками, как в ресторане, и всё время воды подливает.

Я не вытерпел и говорю:

– Ты что-то не так делаешь. Так ведь до утра можно варить!

– А что ты думаешь, в хорошем ресторане всегда обед с вечера варят, чтоб наутро поспел.

– Так то, – говорю, – в ресторане! Им спешить некуда, у них еды много всякой.

– А нам-то куда спешить?

– Нам надо поесть да спать ложиться. Смотри, скоро двенадцать часов.

– Успеешь, – говорит, – выспаться.

И снова бух в кастрюлю воды. Тут я понял, в чём дело.

– Ты, – говорю, – всё время холодную воду льёшь, как же она может свариться!

– А как, по-твоему, без воды, что ли, варить?

– Выложить, – говорю, – половину крупы и налить воды сразу побольше, и пусть себе варится.

Взял я у него кастрюлю, вытряхнул из неё половину крупы.

– Наливай, – говорю, – теперь воды доверху.

Мишка взял кружку, полез в ведро.

– Нету, – говорит, – воды. Вся вышла.

– Что же мы делать будем? Как за водой идти, темнота какая! – говорю. – И колодца не увидишь.

– Чепуха! Сейчас принесу.

Он взял спички, привязал к ведру верёвку и пошёл к колодцу. Через минуту возвращается.

– А вода где? – спрашиваю.

– Вода… там, в колодце.

– Сам знаю, что в колодце. Где ведро с водой?

– И ведро, – говорит, – в колодце.

– Как – в колодце?

– Так, в колодце.

– Упустил?

– Упустил.

– Ах ты, – говорю, – размазня! Ты что ж, нас уморить голодом хочешь? Чем теперь воды достать?

– Чайником можно.

Я взял чайник и говорю:

– Давай верёвку.

– А её нет, верёвки.

– Где же она?

– Там.

– Где – там?

– Ну... в колодце.

– Так ты, значит, с верёвкой ведро упустил?

– Ну да.

Стали мы другую верёвку искать. Нет нигде.

– Ничего, – говорит Мишка, – сейчас пойду попрошу у соседей.

– С ума, – говорю, – сошёл! Ты посмотри на часы: соседи спят давно.

Тут, как нарочно, обоим нам пить захотелось; кажется, сто рублей за кружку воды отдал бы! Мишка говорит:

– Это всегда так бывает: когда нет воды, так ещё больше пить хочется. Поэтому в пустыне всегда пить хочется, потому что там нет воды.

Я говорю:

– Ты не рассуждай, а ищи верёвку.

– Где же её искать? Я везде смотрел. Давай леску от удочки привяжем к чайнику.

– А леска выдержит?

– Может быть, выдержит.

– А если не выдержит?

– Ну если не выдержит, то... оборвётся...

– Это и без тебя известно.

Размотали мы удочку, привязали к чайнику леску и пошли к колодцу. Я опустил чайник в колодец и набрал воды. Леска натянулась, как струна, вот-вот лопнет.

– Не выдержит! – говорю. – Я чувствую.

– Может быть, если поднимать осторожно, то выдержит, – говорит Мишка.

Стал я поднимать потихоньку. Только приподнял над водой, плюх – и нет чайника.

– Не выдержала? – спрашивает Мишка.

– Конечно, не выдержала. Чем теперь доставать воду?

– Самоваром, – говорит Мишка.

– Нет, уж лучше самовар просто бросить в колодец, по крайней мере возиться не надо. Верёвки-то нет.

– Ну, кастрюлей.

– Что у нас, – говорю, – по-твоему, кастрюльный магазин?

– Тогда стаканом.

– Это сколько придётся возиться, пока стаканом воды наносишь!

– Что же делать? Надо ведь кашу доваривать. И пить до зарезу хочется.

– Давай, – говорю, – кружкой. Кружка всё-таки больше стакана.

Пришли домой, привязали леску к кружке так, чтоб она не переворачивалась. Вернулись к колодцу. Вытащили по кружке воды, напились. Мишка говорит:

– Это всегда так бывает. Когда пить хочется, так кажется, что целое море выпьешь, а когда станешь пить, так одну кружку выпьешь и больше уже не хочется, потому что люди от природы жадные...

Я говорю:

– Нечего тут на людей наговаривать! Тащи лучше кастрюлю с кашей сюда, мы прямо в неё воды натаскаем, чтоб не бегать двадцать раз с кружкой.

Мишка принёс кастрюлю и поставил на край колодца. Я её не заметил, зацепил локтем и чуть не столкнул в колодец.

– Ах ты, растяпа! – говорю. – Зачем мне кастрюлю под локоть сунул? Возьми её в руки и держи крепче. И отойди от колодца подальше, а не то и каша полетит в колодец.

Мишка взял кастрюлю и отошёл от колодца. Я натаскал воды.

Пришли мы домой. Каша у нас остыла, печь погасла. Растопили мы снова печь и опять принялись кашу варить. Наконец она у нас закипела, сделалась густая и стала пыхтеть: «Пых, пых!»

– О! – говорит Мишка. – Хорошая каша получилась, знатная!

Я взял ложку, попробовал:

– Тьфу! Что это за каша! Горькая, несолёная и воняет гарью.

Мишка тоже хотел попробовать, но тут же выплюнул.

– Нет, – говорит, – умирать буду, а такую кашу не стану есть!

– Такой каши наешься, и умереть можно! – говорю я.

– Что ж делать?

– Не знаю.

– Чудаки мы! – говорит Мишка. – У нас же пескари есть!

Я говорю:

– Некогда теперь уже с пескарями возиться! Скоро светать начнёт.

– Так мы их варить не будем, а зажарим. Это ведь быстро – раз, и готово.

– Ну давай, – говорю, – если быстро. А если будет как каша, то лучше не надо.

– В один момент, вот увидишь.

Мишка почистил пескарей и положил на сковородку. Сковородка нагрелась, пескари и прилипли к ней. Мишка стал отдирать пескарей от сковородки ножом, все бока ободрал им.

– Умник! – говорю. – Кто же рыбу без масла жарит!

Мишка взял бутылку с подсолнечным маслом. Налил масла на сковородку и сунул в печь прямо на горячие угли, чтоб поскорее зажарились. Масло зашипело, затрещало и вдруг

вспыхнуло на сковородке пламенем. Мишка вытащил сковородку из печки – масло на ней пылает. Я хотел водой залить, а воды у нас во всём доме ни капли нет. Так оно и горело, пока всё масло не выгорело. В комнате дым и смрад, а от пескарей одни угольки остались.

– Ну, – говорит Мишка, – что теперь жарить будем?

– Нет, – говорю я, – больше я тебе ничего жарить не дам. Мало того что ты продукты испортишь, так ты ещё пожар устроишь. Из-за тебя весь дом сгорит. Довольно!

– Что же делать? Есть-то ведь хочется!

Попробовали мы сырую крупу жевать – противно. Попробовали сырой лук – горько. Масло попробовали без хлеба есть – тошно. Нашли банку из-под варенья. Ну, мы её вылизали и легли спать. Уже совсем поздно было.

Наутро проснулись голодные. Мишка сразу полез за крупой, чтоб варить кашу. Я как увидел, так меня даже в дрожь бросило.

– Не смей! – говорю. – Сейчас я пойду к хозяйке, тёте Наташе, попрошу, чтобы она нам кашу сварила.

Мы пошли к тёте Наташе, рассказали ей всё, обещали, что мы с Мишкой все сорняки у неё на огороде выполем, только пусть она поможет нам кашу сварить. Тётя Наташа сжалилась над нами: напоила нас молоком, дала пирогов с капустой, а потом усадила завтракать. Мы всё ели и ели, так что тёти Наташин Вовка на нас удивлялся, какие мы голодные были.

Наконец мы наелись, попросили у тёти Наташи верёвку и пошли доставать из колодца ведро и чайник. Много мы провозились и, если бы Мишка не придумал якорёк из проволоки смастерить, так бы ничего и не достали. А якорьком, как крючком, подцепили и ведро и чайник. Ничего не пропало – всё вытащили. А потом мы с Мишкой и Вовкой сорняки на огороде пололи.

Мишка говорил:

– Сорняки – это чепуха! Совсем нетрудное дело. Гораздо легче, чем кашу варить!

Дружок

Замечательно нам с Мишкой жилось на даче! Вот где было раздолье! Делай что хочешь, иди куда хочешь. Можешь в лес за грибами ходить или за ягодами или купаться в реке, а не хочешь купаться – так лови рыбу, и никто тебе слова не скажет.

Когда у мамы кончился отпуск и нужно было собираться обратно в город, мы даже загрустили с Мишкой. Тётя Наташа заметила, что мы оба ходим как в воду опущенные, и стала уговаривать маму, чтоб мы с Мишкой остались ещё пожить. Мама согласилась и договорилась с тётей Наташей, чтоб она нас кормила и всякое такое, а сама уехала.

Мы с Мишкой остались у тёти Наташи. А у тёти Наташи была собака Дианка. И вот как раз в тот день, когда мама уехала, Дианка вдруг ощенилась: шестерых щенков принесла. Пятеро чёрных с рыжими пятнами и один совсем рыжий, только одно ухо у него было чёрное. Тётя Наташа увидела щенков и говорит:

– Чистое наказание с этой Дианкой! Каждое лето она щенков приносит! Что с ними делать, не знаю. Придётся их утопить.

– Зачем топить? – говорим мы с Мишкой. – Они ведь тоже хотят жить. Лучше отдать соседям.

– Да соседи не хотят брать, у них своих собак полно, – сказала тётя Наташа. – А мне ведь тоже не надо столько собак.

Мы с Мишкой стали просить:

– Тётечка, не надо их топить! Пусть они подрастут немножечко, а потом мы сами их кому-нибудь отдадим.

Тётя Наташа согласилась, и щеночки остались. Скоро они подросли, стали бегать по двору и лаять: «Тяф! Тяф!» – совсем как настоящие псы.

Мы с Мишкой по целым дням играли с ними.

Тётя Наташа несколько раз напоминала нам, чтоб мы раздали щенков, но нам было жалко Дианку. Ведь она станет скучать по своим детям, думали мы.

– Зря я вам поверила, – сказала тётя Наташа. – Теперь я вижу, что все щенки останутся у меня. Что я буду делать с такой оравой собак? На них одного корму сколько надо!

Пришлось нам с Мишкой браться за дело. Ну и помучились же мы! Никто не хотел брать щенков. Несколько дней подряд мы таскали их по всему посёлку и насилу пристроили трёх щенков. Ещё двоих мы отнесли в соседнюю деревню. У нас остался один щенок, тот, который был рыжий с чёрным ухом. Нам он больше всех нравился. У него была такая милая морда и очень красивые глаза, такие большие, будто он всё время чему-нибудь удивлялся. Мишка никак не хотел расставаться с этим щенком и написал своей маме такое письмо:

«Милая мамочка! Разреши мне держать щеночка маленького. Он очень красивый, весь рыжий, а ухо чёрное, и я его очень люблю. За это я тебя всегда буду слушаться, и буду хорошо учиться, и щеночка буду учить, чтоб из него выросла хорошая, большая собака».

Мы назвали щеночка Дружком. Мишка говорил, что купит книжку о том, как дрессировать собак, и будет учить Дружка по книжке.

* * *

Прошло несколько дней, а от Мишкиной мамы так и не пришло ответа. То есть пришло письмо, но в нём совсем ничего про Дружка не было. Мишкина мама писала, чтоб мы приезжали домой, потому что она беспокоится, как мы тут живём одни.

Мы с Мишкой в тот же день решили ехать, и он сказал, что повезёт Дружка без разрешения, потому что он ведь не виноват, раз письмо не дошло.

– Как же вы повезёте своего щенка? – спросила тётя Наташа. – Ведь в поезде не разрешают возить собак. Увидит проводник и оштрафует.

– Ничего, – говорит Мишка, – мы его в чемодан спрячем, никто и не увидит.

Мы переложили из Мишкиного чемодана все вещи ко мне в рюкзак, просверлили в чемодане дырки гвоздём, чтоб Дружок в нём не задохнулся, положили туда краюшку хлеба и кусок жареной курицы на случай, если Дружок проголодается, а Дружка посадили в чемодан и пошли с тётей Наташей на станцию.

Всю дорогу Дружок сидел в чемодане молча, и мы были уверены, что довезём его благополучно. На станции тётя Наташа пошла взять нам билеты, а мы решили посмотреть, что делает Дружок. Мишка открыл чемодан. Дружок спокойно лежал на дне и, задрав голову кверху, жмурил глаза от света.

– Молодец Дружок! – радовался Мишка. – Это такой умный пёс!.. Он понимает, что мы его везём тайком.

Мы погладили Дружка и закрыли чемодан. Скоро подошёл поезд. Тётя Наташа посадила нас в вагон, и мы попрощались с ней.

В вагоне мы выбрали для себя укромное местечко. Одна лавочка была совсем свободна, а напротив сидела старушка и дремала. Больше никого не было. Мишка сунул чемодан под лавку. Поезд тронулся, и мы поехали.

* * *

Сначала шло всё хорошо, но на следующей станции стали садиться новые пассажиры. К нам подбежала какая-то длинноногая девчонка с косичками и затрещала как сорока:

– Тётя Надя! Дядя Федя! Идите сюда! Скорее, скорее, здесь места есть!

Тётя Надя и дядя Федя пробрались к нашей лавочке.

– Сюда, сюда! – трещала девчонка. – Садитесь! Я вот здесь сяду с тётей Надечкой, а дядечка Федечка пусть сядет рядом с мальчиками.

– Не шуми так, Леночка, – сказала тётя Надя.

И они вместе сели напротив нас, рядом со старушкой, а дядя Федя сунул свой чемодан под лавку и сел рядом с нами.

– Ой, как хорошо! – захлопала в ладоши Леночка. – С одной стороны три дяденьки сидят, а с другой – три тётеньки.

Мы с Мишкой отвернулись и стали смотреть в окно. Сначала всё было хорошо, только колёса постукивали да паровоз пыхтел впереди. Потом под лавкой послышался шорох и начало что-то скрестись, словно мышь.

– Это Дружок! – зашептал Мишка. – А что, если проводник придёт?

– Ничего, может быть, он и не услышит.

– А если Дружок лаять начнёт?

Дружок потихоньку скрёбся, будто хотел проскрести в чемодане дырку.

– Ай, мамочка, мышь! – завизжала эта егоза Леночка и стала поджимать под себя ноги.

– Что ты выдумываешь! – сказала тётя Надя. – Откуда тут мышь?

– А вот послушай! Послушай!

Тут Мишка изо всех сил стал кашлять и толкать чемодан ногой. Дружок на минуту успокоился, потом потихоньку заскулил. Все удивлённо переглянулись, а Мишка поскорей стал тереть по стеклу пальцем так, чтоб стекло визжало. Дядя Федя посмотрел на Мишку строго и сказал:

– Мальчик, перестань! Это на нервы действует.

В это время сзади кто-то заиграл на гармошке, и Дружка не стало слышно. Мы обрадовались. Но гармошка скоро утихла.

– Давай будем песни петь! – шепчет Мишка.

– Неудобно, – говорю я.

– Ну, давай громко стихи читать.

– Ну, давай. Начинай.

Из-под лавки раздался писк. Мишка закашлял и поскорее начал стихи:

– Травка зеленеет, солнышко блестит,
Ласточка с весною в сени к нам летит.

В вагоне раздался смех. Кто-то сказал:

– На дворе скоро осень, а у нас тут весна начинается!

Леночка стала хихикать и говорить:

– Какие мальчишки смешные! То скребутся, как мыши, то по стеклу пальцами скрипят, то стихи читают.

Но Мишка ни на кого не обращал внимания. Когда это стихотворение кончилось, он начал другое и отбивал такт ногами:

– Как мой садик свеж и зелен!
Распустилась в нём сирень.

От черёмухи душистой
И от лип кудрявых тень.

– Ну, вот и лето пришло: сирень, видите ли, распустилась! – шутили пассажиры.

А у Мишки без всякого предупреждения грянула зима:

– Зима!.. Крестьянин, торжествуя,
На дровнях обновляет путь;
Его лошадка, снег почуя,
Плетётся рысью как-нибудь...

А потом почему-то всё пошло шиворот-навыворот и после зимы наступила вдруг осень:

– Скучная картина!
Тучи без конца.
Дождик так и льётся,
Лужи у крыльца.

Тут Дружок жалобно завыл в чемодане, и Мишка закричал что было силы:

– Что ты рано в гости,
Осень, к нам пришла?
Ещё просит сердце
Света и тепла!

Старушка, которая дремала напротив, проснулась, закивала головой и говорит:

– Верно, деточка, верно! Рано осень к нам пришла. Ещё ребятишкам погулять хочется, погреться на солнышке, а тут осень! Ты, миленький, хорошо стишки говоришь, хорошо!

И она принялась гладить Мишку по голове. Мишка незаметно толкнул меня под лавкой ногой, чтоб я продолжал

чтение, а у меня, как нарочно, все стихи выскочили из головы, только одна песня вертелась. Недолго раздумывая я гаркнул что было силы на манер стихов:

– Ах вы, сени, мои сени!
Сени новые мои!
Сени новые, кленовые, решётчатые!

Дядя Федя поморщился:

– Вот наказание! Ещё один исполнитель нашёлся!

А Леночка надула губки и говорит:

– Фи! Нашёл что читать! Какие-то сени!

А я отбарабанил эту песню два раза подряд и принялся за другую:

– Сижу за решёткой в темнице сырой.
Вскормлённый в неволе орёл молодой...

– Вот бы тебя засадить куда-нибудь, чтоб ты не портил людям нервы! – проворчал дядя Федя.

– Ты не волнуйся, – говорила ему тётя Надя. – Ребята стишки повторяют, что тут такого?

Но дядя Федя всё-таки волновался и тёр рукой лоб, будто у него голова болела. Я замолчал, но тут Мишка пришёл на помощь и стал читать с выражением:

– Тиха украинская ночь.
Прозрачно небо, звёзды блещут...

– О! – засмеялись в вагоне. – На Украину попал! Куда-то ещё залетит?

На остановке вошли новые пассажиры:

– Ого, да тут стихи читают! Весело будет ехать.

А Мишка уже путешествовал по Кавказу:

– Кавказ подо мною, один в вышине
Стою над снегами у края стремнины...

Так он объехал чуть ли не весь свет и попал даже на Север. Там он охрип и снова стал толкать меня под лавкой ногой. Я никак не мог припомнить, какие ещё бывают стихи, и опять принялся за песню:

– Всю-то я вселенную проехал.
Нигде я милой не нашёл...

Леночка засмеялась:

– А этот всё какие-то песни читает!

– А я виноват, что Мишка все стихи перечитал? – сказал я и принялся за новую песню:

– Голова ль ты моя удалая,
Долго ль буду тебя я носить?

– Нет, братец, – проворчал дядя Федя, – если будешь так донимать всех своими стихами, то не сносить тебе головы!

Он опять принялся тереть рукой лоб, потом взял из-под лавки чемодан и вышел на площадку.

Поезд подходил к городу. Пассажиры зашумели, стали брать свои вещи и толпиться у выхода. Мы тоже схватили чемодан и рюкзак и стали пролезать на площадку. Поезд остановился. Мы вылезли из вагона и пошли домой. В чемодане было тихо.

– Смотри, – сказал Мишка, – когда не надо, так он молчит, а когда надо было молчать, он всю дорогу скулил.

– Надо посмотреть, – может, он там задохнулся? – говорю я.

Мишка поставил чемодан на землю, открыл его... и мы остолбенели: Дружка в чемодане не было! Вместо него лежали какие-то книжки, тетради, полотенце, мыло, очки в роговой оправе, вязальные спицы.

– Что это? – говорит Мишка. – Куда же Дружок делся?

Тут я понял, в чём дело.

– Стой! – говорю. – Да это ведь не наш чемодан!

Мишка посмотрел и говорит:

– Верно! В нашем чемодане были дырки просверлены, и потом, наш был коричневый, а этот рыжий какой-то. Ах я разиня! Схватил чужой чемодан!

– Бежим скорей обратно, может быть, наш чемодан так и стоит под лавкой, – сказал я.

Прибежали мы на вокзал. Поезд ещё не ушёл. А мы забыли, в каком вагоне ехали. Стали бегать по всем вагонам и заглядывать под лавки. Обыскали весь поезд. Я говорю:

– Наверно, его забрал кто-нибудь.

– Давай ещё раз пройдём по вагонам, – говорит Мишка.

Мы ещё раз обыскали все вагоны. Ничего не нашли. Стоим с чужим чемоданом и не знаем, что делать. Тут пришёл проводник и прогнал нас.

– Нечего, – говорит, – по вагонам шнырять!

Пошли мы домой. Я зашёл к Мишке, чтобы выгрузить из рюкзака его вещи. Мишкина мама увидела, что он чуть не плачет, и спрашивает:

– Что с тобой?

– Дружок пропал!

– Какой дружок?

– Ну, щенок. Не получала письма разве?

– Нет, не получала.

– Ну вот! А я писал.

Мишка стал рассказывать, какой хороший был Дружок, как мы его везли и как он потерялся. Под конец Мишка расплакался, а я ушёл домой и не знаю, что было дальше.

* * *

На другой день Мишка приходит ко мне и говорит:

– Знаешь, теперь выходит – я вор!

– Почему?

– Ну, я ведь чужой чемодан взял.

– Ты ведь по ошибке.

– Вор тоже может сказать, что он по ошибке.

– Тебе ведь никто не говорит, что ты вор.

– Не говорит, а всё-таки совестно. Может быть, тому человеку этот чемодан нужен. Я должен вернуть.

– Да как же ты найдёшь этого человека?

– А я напишу записки, что нашёл чемодан, и расклею по всему городу. Хозяин увидит записку и придёт за своим чемоданом.

– Правильно! – говорю я. – Давай записки писать.

Нарезали мы бумаги и стали писать:

«Мы нашли чемодан в вагоне. Получить у Миши Козлова. Песчаная улица, № 8, кв. 3».

Написали штук двадцать таких записок. Я говорю:

– Давай напишем ещё записки, чтоб нам вернули Дружка. Может быть, наш чемодан тоже кто-нибудь по ошибке взял.

– Наверное, его тот дяденька по ошибке взял, который с нами в поезде ехал, – сказал Мишка.

Нарезали мы ещё бумаги и стали писать:

«Кто нашёл в чемодане щенка, очень просим вернуть Мише Козлову или написать по адресу: Песчаная улица, № 8, кв. 3».

Написали и этих записок штук двадцать и пошли их по городу расклеивать. Клеили на всех углах, на фонарных столбах... Только записок оказалось мало.

Мы вернулись домой и стали ещё записки писать. Писали, писали – вдруг звонок. Мишка побежал открывать.

Вошла незнакомая тётенька.

– Вам кого? – спрашивает Мишка.

– Мишу Козлова.

Мишка удивился: откуда она его знает?

– А зачем?

– Я, – говорит, – чемодан потеряла.

– А! – обрадовался Мишка. – Идите сюда. Вот он, ваш чемодан.

Тётенька посмотрела и говорит:

– Это не мой.

– Как – не ваш? – удивился Мишка.

– Мой был побольше, чёрный, а этот рыжий.

– Ну, тогда вашего у нас нет, – говорит Мишка. – Мы другого не находили. Вот когда найдём, тогда пожалуйста.

Тётенька засмеялась и говорит:

– Вы неправильно делаете, ребята. Чемодан надо спрятать и никому не показывать, а если придут за ним, то вы сначала спросите, какой был чемодан и что в нём лежало. Если вам ответят правильно, тогда отдавайте чемодан. А так ведь вам кто-нибудь скажет: «Мой чемодан» – и заберёт, а это и не его вовсе. Всякие люди бывают!

– Верно! – говорит Мишка. – А мы и не сообразили!

Тётенька ушла.

– Вот видишь, – говорит Мишка, – сразу подействовало! Не успели мы записки наклеить, а люди уже приходят. Ничего, может быть, и Дружок найдётся!

Мы спрятали чемодан под кровать, но в этот день к нам больше никто не пришёл. Зато на другой день у нас перебывало много народу.

Мы с Мишкой даже удивлялись, как много людей теряют свои чемоданы и разные другие вещи.

Один дядька забыл чемодан в трамвае и тоже пришёл к нам, другой забыл в автобусе ящик с гвоздями, у третьего в прошлом году пропал сундук – все шли к нам, как будто у нас было бюро находок. С каждым днём приходило всё больше и больше народу.

– Удивляюсь! – говорил Мишка. – Приходят только те, у которых пропал чемодан или хотя бы сундук, а те, которые нашли чемодан, преспокойно сидят дома.

– А чего им беспокоиться? Кто потерял, тот ищет, а кто нашёл, чего ему ещё ходить?

– Могли бы хоть письмо написать, – говорит Мишка. – Мы бы сами пришли.

* * *

Один раз мы с Мишкой сидели дома.

Вдруг кто-то постучал в дверь. Мишка побежал отворять. Оказался почтальон. Мишка, радостный, вбежал в комнату с письмом в руках.

– Может быть, это про нашего Дружка! – сказал он и стал разбирать на конверте адрес, который был написан неразборчивыми каракулями.

Весь конверт был усеян штемпелями и наклейками с надписями.

– Это не нам письмо, – сказал наконец Мишка. – Это маме. Какой-то шибко грамотный человек писал. В одном слове две ошибки сделал: вместо «Песчаная» улица написал «Печная». Видно, письмо долго по городу ходило, пока куда надо дошло... Мама! – закричал Мишка. – Тебе письмо от какого-то грамотея!

– Что это за грамотей?

– А вот почитай письмо.

Мама разорвала конверт и стала читать вполголоса:

– «Милая мамочка! Разреши мне держать щеночка маленького. Он очень красивый, весь рыжий, а ухо чёрное, и я его очень люблю...» Что это? – говорит мама. – Это ведь ты писал!

Я засмеялся и посмотрел на Мишку. А он покраснел, как варёный рак, и убежал.

* * *

Мы с Мишкой потеряли надежду отыскать Дружка, но Мишка часто вспоминал о нём:

– Где он теперь? Какой у него хозяин? Может быть, он злой человек и обижает Дружка? А может быть, Дружок

так и остался в чемодане и умер от голода? Пусть бы мне не вернули его, а только хоть бы сказали, что он живой и ему хорошо!

Скоро каникулы кончились, и пришла пора идти в школу. Мы были рады, потому что очень любили учиться и уже соскучились по школе.

В этот день мы встали рано-рано, оделись во всё новое и чистое.

Я пошёл к Мишке, чтоб разбудить его, и встретился с ним на лестнице.

Он как раз шёл ко мне, чтобы разбудить меня.

Мы думали, что в этом году с нами будет заниматься Вера Александровна, которая учила нас в прошлом году, но оказалось, что у нас теперь будет совсем новая учительница, Надежда Викторовна, так как Вера Александровна перешла в другую школу.

Надежда Викторовна дала нам расписание уроков, сказала, какие учебники будут нужны, и стала вызывать нас всех по журналу, чтоб познакомиться с нами. А потом спросила:

– Ребята, вы учили в прошлом году стихотворение Пушкина «Зима»?

– Учили! – загудели все хором.

– Кто помнит это стихотворение?

Все ребята молчали. Я шепчу Мишке:

– Ты ведь помнишь?

– Помню.

– Так поднимай руку!

Мишка поднял руку.

– Ну, выходи на середину и читай, – сказала учительница.

Мишка подошёл к столу и начал читать с выражением:

– Зима!.. Крестьянин, торжествуя,
На дровнях обновляет путь;
Его лошадка, снег почуя,
Плетётся рысью как-нибудь...

Он читал всё дальше и дальше, а учительница сначала смотрела на него пристально, потом наморщила лоб, будто вспоминала что-то, потом вдруг протянула к Мишке руку и говорит:

– Постой-постой! Ты ведь тот мальчик, который ехал в поезде и всю дорогу читал стихи? Верно?

Мишка сконфузился и говорит:

– Верно.

– Ну, садись, а после уроков зайдёшь ко мне.

– А стихов не надо кончать? – спросил Мишка.

– Не надо. Я и так вижу, что ты знаешь.

Мишка сел и принялся толкать меня под партой ногой:

– Это она! Та тётенька, которая с нами в поезде ехала. Ещё с нею была девчонка Леночка и дяденька, который сердился. Дядя Федя, помнишь?

– Помню, – говорю. – Я её тоже узнал, как только ты стихи стал читать.

– Что же теперь будет? – беспокоился Мишка. – Зачем она меня в учительскую вызвала? Наверное, достанется нам за то, что мы тогда шумели в поезде!

Мы с Мишкой так волновались, что не заметили даже, как занятия кончились. Последними вышли из класса, и Мишка пошёл в учительскую. Я остался ждать его в коридоре. Наконец он оттуда вышел.

– Ну, что тебе учительница сказала? – спрашиваю я.

– Оказывается, мы её чемодан взяли, то есть не её, а того дяденьки. Но это всё равно. Она спросила, не взяли ли мы по ошибке чужой чемодан. Я сказал, что взяли. Она стала расспрашивать, что в этом чемодане было, и узнала, что это их чемодан. Она велела сегодня же принести ей чемодан и дала адрес.

Мишка показал мне бумажку, на которой был записан адрес. Мы поскорей пошли домой, взяли чемодан и отправились по адресу.

Нам открыла дверь Леночка, которую мы видели в поезде.

– Вам кого? – спросила она.

А мы забыли, как звать учительницу.

– Постойте, – говорит Мишка. – Вот тут на бумажке записано… Надежду Викторовну.

Леночка говорит:

– Вы, наверное, чемодан принесли?

– Принесли.

– Ну, заходите.

Она привела нас в комнату и закричала:

– Тётя Надя! Дядя Федя! Мальчики чемодан принесли!

Надежда Викторовна и дядя Федя вошли в комнату. Дядя Федя открыл чемодан, увидел свои очки и сразу надел их на нос.

– Вот они, мои любимые старые очки! – обрадовался он. – Как хорошо, что они нашлись! А то я к новым очкам никак не могу привыкнуть.

– Мы ничего не трогали, – говорит Мишка. – Всё ждали, когда хозяин отыщется. Мы даже везде объявления наклеили, что нашли чемодан.

– Ну вот! – сказал дядя Федя. – А я никогда не читаю объявлений на стенах. Ну ничего, в следующий раз буду умнее – всегда буду читать.

Леночка куда-то ушла, а потом вернулась в комнату, а за ней бежал щенок. Он был весь рыжий, только одно ухо у него было чёрное.

– Смотри! – прошептал Мишка.

Щенок насторожился, приподнял своё ухо и поглядел на нас.

– Дружок! – закричали мы.

Дружок завизжал от радости, кинулся к нам, принялся прыгать и лаять. Мишка схватил его на руки:

– Дружок! Верный мой пёс! Ты не забыл нас?

Дружок лизал ему щёки, а Мишка целовал его прямо в морду. Леночка смеялась, хлопала в ладоши и кричала:

– Мы его в чемодане с поезда принесли! Мы по ошибке ваш чемодан взяли. Это всё дядечка Федечка виноват!

– Да, – сказал дядя Федя, – это моя вина. Я первый взял ваш чемодан, а потом уж вы мой взяли.

Они отдали нам чемодан, в котором Дружок ехал в поезде. Леночка, видно, очень не хотела расставаться с Дружком. На глазах у неё даже слёзы были. Мишка сказал, что на следующий год у Дианки снова будут щенки, тогда мы выберем самого красивого и привезём ей.

– Обязательно привезите, – сказала Леночка.

Мы попрощались и вышли на улицу. Дружок сидел на руках у Мишки, вертел во все стороны головой, и глаза у него были такие, будто он всему удивлялся. Наверное, Леночка всё время держала его дома и ничего ему не показывала.

Когда мы подошли к дому, у нас на крыльце сидели две тётки и дядька. Они, оказывается, нас ждали.

– Вы, наверное, за чемоданом пришли? – спросили мы их.

– Да, – сказали они. – Это вы те ребята, которые чемодан нашли?

– Да, это мы, – говорим мы. – Только никакого чемодана у нас теперь нет. Уже нашёлся хозяин, и мы отдали.

– Так вы бы поснимали свои записки, а то только людей смущаете. Приходится из-за вас даром время терять!

Они поворчали и разошлись. А мы с Мишкой в тот же день обошли все места, где наклеили записки, и ободрали их.

Тук-тук-тук

Мы втроём – я, Мишка и Костя – приехали в пионерлагерь на день раньше всего отряда. У нас было задание: украсить помещение к приезду ребят. Мы сами просили нашего вожатого Витю отправить нас вперёд. Нам очень хотелось поскорей в лагерь.

Витя согласился и сам поехал с нами. Когда мы приехали, в доме уже заканчивалась уборка. Мы развесили на стенах плакаты, картины, которые привезли с собой, потом нарезали из разноцветной бумаги флажков, нанизали их на верёвочки и повесили под потолком. Потом нарвали в поле цветов, наделали из них букетов и расставили на окнах в банках с водой. Хорошо получилось!

Вечером вожатый Витя уехал обратно в город. Марья Максимовна, лагерный сторож, которая жила рядом в маленьком

домике, сказала, чтобы мы шли ночевать к ней, но мы не захотели. Мишка сказал, что мы ничего не боимся и будем ночевать одни в доме. Марья Максимовна ушла, а мы поставили во дворе самовар, сели на крылечке и отдыхали. Хорошо было в лагере! Возле самого дома росли высокие рябины, а вдоль забора – огромные старые липы. На них множество круглых вороньих гнёзд.

Вороны кружились над липами и громко кричали. В воздухе гудели майские жуки. Они носились в разные стороны, налетали на стены дома и шлёпались на землю. Мишка подбирал их и складывал в коробочку.

А потом солнышко скрылось за лесом, и облака на небе вспыхнули красным пламенем. Так красиво стало! Если бы у меня были краски, я бы тут же нарисовал картину: вверху красные облака, а внизу наш самовар. А от самовара поднимается дым прямо к облакам, как из пароходной трубы.

Потом облака потухли и стали серые, как будто горы. Всё переменилось вокруг. Нам даже стало казаться, что мы попали каким-то чудом в другие края.

Самовар вскипел. Мы перенесли его в комнату, зажгли лампу и сели пить чай. В окно налетели ночные бабочки; они кружились вокруг лампы, будто плясали. Всё было как-то необыкновенно. Тихо так, только самовар на столе шумит. Мы сидим и чай пьём, сами себе хозяева.

После чая Мишка запер на крючок дверь и ещё верёвкой за ручку привязал.

– Чтоб не забрались разбойники, – говорит.

– Не бойся, – говорим мы, – никто не заберётся.

– Я не боюсь. Так, на всякий случай. И ставни надо закрыть.

Мы посмеялись над ним, но ставни всё-таки закрыли, на всякий случай, и стали укладываться спать. Сдвинули три кровати вместе, чтоб удобнее было разговаривать.

Мишка стал просить пустить его в середину. Костя говорит:

– Ты, видно, хочешь, чтоб разбойники сначала нас убили, а потом только до тебя добрались. Ну ладно, ложись.

Пустили его в середину. Но он всё равно, должно быть, боялся: взял в кухне топор и сунул его себе под подушку. Мы с Костей чуть со смеху не лопнули.

– Ты только нас не заруби по ошибке, – говорим. – А то примешь нас за разбойников и тяпнешь по голове топором.

– Не бойтесь, – говорит Мишка, – не тяпну!

Потушили мы лампу и стали в темноте рассказывать друг другу сказки. Сначала рассказал Мишка, потом я, а когда очередь дошла до Кости, он начал какую-то длинную страшную сказку про колдунов, про ведьм, про чертей и про Кощея Бессмертного. Мишка от страха закутался с головой в одеяло и стал просить Костю не рассказывать больше эту сказку. А Костя, чтоб попугать Мишку, принялся ещё кулаками по стене стучать и говорить, что это черти стучат. Мне самому сделалось страшно, и я сказал Косте, чтоб он перестал.

Наконец Костя унялся. Мишка успокоился и уснул. Стало тихо. Мы с Костей почему-то долго не могли уснуть. Лежим, прислушиваемся, как Мишкины жуки в коробке шуршат.

– Темно, как в погребе! – сказал Костя.

– Это потому, что ставни закрыты, – говорю я.

– А всё-таки мы храбрые! Не боимся одни ночевать! – говорит Костя.

Скоро чуточку посветлело. Стали видны щели в ставнях.

– Наверно, уже рассвет, – говорит Костя. – Теперь ночи совсем короткие.

– А может быть, луна взошла?

Наконец я задремал. Вдруг слышу сквозь сон: тук-тук-тук!

Я проснулся. Мишка и Костя спят. Я разбудил Костю.

– Кто-то стучит, – говорю.

– Кто же может стучать?

– А вот послушай.

Прислушались мы. Тихо. Потом снова: тук-тук-тук!

– В дверь стучат, – говорит Костя. – Кто же это?

Подождали мы. Не стучат больше.

«Может быть, показалось», – думаем.

Вдруг опять: тук-тук-тук! Тук-тук-тук!

– Тише, – шепчет Костя, – не надо отзываться. Может быть, постучит и уйдёт.

Подождали. Вдруг снова: тук-тук-тук! Тра-та-та-та!

– Ах, чтоб тебя разорвало! Не уходит! – говорит Костя.

– Может быть, это из города кто-нибудь приехал? – говорю я.

– Зачем же в такую поздноту ездить? Подождём. Если постучат ещё, спросим.

Ждём. Никого нет.

– Наверно, ушёл, – говорит Костя.

Только мы было успокоились, вдруг снова: тра-та-та-та!

Я подскочил в постели от неожиданности.

– Пойдём, – говорю, – спросим.

– Пойдём.

Подкрались мы к двери.

– Кто там? – спрашивает Костя.

Тихо. Никто не отвечает.

– Кто там?

Молчит.

– Кто там?

Никакого ответа.

– Наверно, ушёл, – говорю я.

Пошли мы обратно. Только отошли от двери: тук-тук-тук! Трах-та-тах!

Бросились снова к дверям:

– Кто там?

Молчит.

– Что он, глухой, что ли? – говорит Костя.

Стоим мы, прислушиваемся. За дверью будто об стенку кто-то трётся.

– Кто там?

Ничего не отвечает.

Отошли мы от двери. Вдруг снова: тук-тук-тук!

Забрались мы на кровать и дышать боимся. Сидели, сидели – не стучит больше. Легли. Думаем: не будет больше стучать.

Тихо. Вдруг слышим – шуршит по крыше. И вдруг по железу: бух-бух-бух! Трах!

– На крышу забрался! – прошептал Костя.

Вдруг с другой стороны: бум-бум-бум! Бах!

– Да тут не один, а двое! – говорю я. – Что ж это они, крышу разобрать хотят?

Вскочили мы с кроватей, закрыли дверь в соседнюю комнату, откуда был ход на чердак. К двери стол придвинули и ещё другим столом и кроватью подпёрли. А на крыше всё стучат: то один, то другой, то вместе разом. И ещё третий к ним прибавился. И ещё кто-то снова в дверь колотить начал.

– Может быть, это кто-нибудь нарочно, чтоб напугать нас, – говорю я.

– Выйти, – говорит Костя, – да накостылять им по шее, чтоб не мешали спать!

– Ещё нам, – говорю, – накостыляют. Вдруг их там человек двадцать!

– А может, это и не люди!

– А кто же?

– Черти какие-нибудь.

– Брось, – говорю, – сказки рассказывать! И без сказок страшно!

А Мишка спит и ничего не слышит. Ему хоть бы что!

– Может быть, разбудить его? – спрашиваю.

– Не надо. Пусть пока спит, – говорит Костя. – Знаешь, какой он трус. До смерти перепугается.

Устали мы, прямо с ног валимся. Спать хочется! Костя забрался в постель и говорит:

– Надоела мне вся эта музыка! Пусть там себе хоть головы расшибут на крыше. Очень мне нужно обращать внимание.

Я вытащил у Мишки из-под подушки топор, положил его рядом с собой в кровать и тоже прилёг отдохнуть. Стук на крыше становился всё чаще и тише. Мне стало казаться, что это дождь по крыше стучит, и я не заметил, как снова уснул.

Утром просыпаемся от страшного стука. Во дворе шум и крик.

Я схватил топор, подбежал к двери.

– Кто там? – спрашиваю.

И вдруг слышу голос Вити, вожатого:

– Откройте, ребята! Что там с вами случилось? Полчаса достучаться не можем.

Я открыл дверь. Все ребята гурьбой ввалились в комнату. Витя увидел топор.

– Зачем топор? – спрашивает. – И что у вас за разгром такой?

Мы с Костей стали рассказывать, что здесь ночью случилось. Но никто нам не верил, все смеялись над нами и говорили, что это нам с перепугу показалось. Мы с Костей чуть не плакали от обиды. Вдруг сверху послышался стук.

– Тише! – закричал Костя и поднял палец кверху.

Ребята умолкли и стали прислушиваться.

Тук-тук-тук! – стучало что-то по крыше.

Ребята застыли от удивления. Мы с Костей открыли дверь и потихоньку вышли во двор. Все пошли за нами. Мы отошли от дома в сторону и взглянули на крышу. Там сидела обыкновенная ворона и что-то клевала.

Тук-тук-тук! Бух-бух! – стучала она по железу клювом.

Ребята увидели ворону и расхохотались так громко, что ворона захлопала крыльями и улетела. Ребята сейчас же притащили лестницу; несколько человек забрались на крышу посмотреть, что там клевала ворона.

– Здесь прошлогодние ягоды рябины лежат. Наверно, вороны клюют их и стучат по крыше! – закричали ребята.

– Откуда же здесь ягоды рябины берутся? – говорим мы.

– Да тут ведь вокруг рябины растут. Вот ягоды прямо на крышу и падают.

– Постойте, а в дверь-то кто стучал? – говорю я.

– Да, – говорит Костя, – зачем это воронам понадобилось в дверь стучать? Вы ещё скажете, что вороны нарочно в дверь стучали, чтоб мы их переночевать пустили.

На это никто не мог ничего ответить. Все побежали на крыльцо и стали осматривать дверь. Витя поднял с крыльца ягоду и сказал:

– Они и не стучали в дверь. Они клевали на крыльце ягоды, а вам показалось, что стучат в дверь.

Мы посмотрели: на крыльце валялось несколько ягод рябины.

– Храбрецы! – смеялись над нами ребята. – Втроём испугались вороны!

– И совсем не втроём, а вдвоём, – говорю я. – Мишка спал как убитый и ничего не слышал.

– Молодец, Мишка! – закричали ребята. – Значит, ты один не боялся вороны?

– Я ничего не боялся, – ответил Мишка. – Я спал и ничего не знаю.

С тех пор все считают Мишку храбрецом, а нас с Костей трусами.

Огородники

Через день после того, как мы приехали в пионерлагерь, наш вожатый Витя сказал, что у нас будет свой огород. Мы собрались и стали решать, как будем обрабатывать землю и что сажать. Решили поделить землю на участки и чтобы на каждом участке бригада из двух человек работала. Сразу будет видно, кто впереди, а кто отстаёт. Отстающим решили помогать, чтобы вся земля была хорошо обработана и дала большой урожай.

Мы с Мишкой попросили записать нас в одну бригаду. Мы ещё в городе условились, что будем работать вместе и рыбу ловить вместе. Всё у нас было общее: и лопаты, и удочки.

– Ребята, – сказал Вадик Зайцев, – я предлагаю сделать красное знамя и на нём написать: «Лучшему огороднику». Кто первый вскопает участок, у того на участке поставим знамя.

– Правильно, – согласились ребята. – А потом будем за это знамя бороться. Кто лучше проведёт посадку, к тому перейдёт на участок знамя. Потом знамя будем передавать за прополку. А у кого окажется самый большой урожай, тому подарим осенью это знамя, и пусть он везёт его с собой в город.

Мы с Мишкой решили бороться за красное знамя.

– Как возьмём его в самом начале, так до конца не выпустим и домой увезём, – говорил Мишка.

Наш огород был недалеко от реки. Мы измерили землю рулеткой, наметили участки и вбили колышки с номерами. Нам с Мишкой достался двенадцатый участок. Мишка тут же стал кричать, что нам самый плохой участок дали.

– Да чем он плохой? – спрашивает Витя.

– Дырка вон тут в земле!

– Ну, что это за дырка! – засмеялся Витя. – Лошадь копытом продавила.

– И пень вон торчит, – говорит Мишка.

– И на других участках есть пни, посмотри.

Но Мишка уже никуда смотреть не хотел и кричал:

– Его ведь из земли выковыривать надо!

– Что ж, выкорчуете. Сами не справитесь, ребята помогут.

– Уж если возьмёмся – справимся, – обиделся Мишка. – Ещё и ребятам поможем, на буксир кого надо возьмём.

– Вот и хорошо, – сказал Витя.

Все ребята стали вскапывать землю. И мы с Мишкой стали копать.

Мишка то и дело бегал смотреть, сколько другие ребята вскопали. Я говорю ему:

– Ты не бегай, работай, а то мы меньше всех вскопаем.

– Ничего, – говорит, – я ещё поднажму.

И стал поднажимать. Поднажмёт, поднажмёт и снова убежит куда-нибудь.

В этот день мы мало работали. Скоро вожатый Витя позвал всех обедать. После обеда мы с Мишкой схватили лопаты и снова хотели на огород бежать, но Витя не позволил. Он сказал:

12

– Работать будем только до обеда. После обеда – отдыхать, а то у нас найдутся такие ребята, которые в первый же день перетрудятся и потом не смогут работать.

На следующее утро мы раньше всех примчались на огород и стали копать. Потом Мишка выпросил у Вити рулетку и принялся землю мерять, сколько у нас на участке вскопано да сколько осталось. Покопает немного и снова меряет. И всё ему кажется мало.

Я говорю:

– Конечно, будет мало, если я один копаю, а ты только меряешь!

Он бросил рулетку и стал копать. Только недолго копал. Корень ему в земле попался, так он этот корень стал из земли выдирать. Драл его, драл, весь участок разворотил. Даже на соседний участок залез и там выдирает этот корень.

– Да брось ты его, – говорю. – Чего ты к нему привязался?

– Я, – говорит, – думал, что он короткий, а он вон какой длинный, как удав.

– Ну и перестань с ним возиться!

– Да должен же он где-нибудь кончиться!

– А тебе будто не всё равно?

– Нет, – говорит, – я такой человек: если за что-нибудь взялся, обязательно до конца сделаю.

И снова ухватился руками за корень. Тогда я рассердился, подошёл и отрубил этот корень лопатой. А Мишка корень рулеткой измерил и говорит:

– Ого! Шесть с половиной метров! А если бы ты не отрубил, так он, может быть, метров двадцать был бы!

Я говорю:

– Если бы я знал, что ты так будешь работать, то с тобой бы не связывался.

А он:

– Можешь отдельно. Я же тебя не заставляю.

– Как же теперь отдельно, когда у нас столько вскопано! Вот не получим из-за тебя красного знамени.

12

– Почему не получим? Ты посмотри, сколько у Вани Ложкина и Сени Боброва. Ещё меньше нашего.

Он побежал на участок Вани и Сени и стал над ними смеяться:

– Эх вы! Придётся вас на буксир брать!

А они его прогоняют:

– Смотри, как бы тебя не взяли!

Я говорю:

– Чудак ты! Над другими смеёшься, а сам сколько сделал? И чего я только с тобой связался!

– Ничего, – говорит, – я одну штуку придумал. Завтра знамя будет на нашем участке.

– С ума, – говорю, – сошёл! Тут на два дня работы, а с тобой и четыре провозишься.

– Вот увидишь, я потом тебе расскажу.

– Ты лучше работай. Всё равно земля сама не вскопается.

Он взял лопату, но тут Витя сказал, чтобы все шли обедать. Ну, Мишка лопату на плечо и помчался впереди всех в лагерь.

После обеда Витя стал красный флаг делать, а мы все ему помогали: кто палку строгал, кто материю подшивал, кто разводил краски. Флаг получился красивый. Палку выкрасили золотой краской, а на красной материи Витя написал серебряными буквами: «Лучшему огороднику».

Мишка сказал:

– Давайте ещё пугало сделаем, чтоб вороны огород не клевали.

Эта затея всем очень понравилась. Взяли мы жердь и к ней крест-накрест палку привязали, достали старый мешок и сшили из него рубаху. Потом натянули эту рубаху на жердь, а сверху глиняный горшок надели. На горшке Мишка нарисовал углем нос, рот, глаза. Страшная рожа получилась! Поставили это пугало посреди двора. Все смотрели на него и смеялись.

Мишка отвёл меня в сторону и говорит:

– Вот что я придумал: давай, когда все лягут спать, удерём на огород и вскопаем свой участок. Оставим на утро кусочек маленький, завтра быстро вскопаем и получим знамя.

Я говорю:

– Если бы ты работал! А то ведь с разными пустяками возишься.

– Я буду хорошо работать, вот увидишь!

– Ну ладно, только если ты снова возьмёшься за старое, брошу всё и уйду.

Вечером все легли спать. И мы с Мишкой легли, только для виду. Я уже начал дремать. Вдруг меня Мишка толкает в бок:

– Вставай! А то не видать нам знамени как своих ушей!

Встал я. Мы вышли так, чтобы никто нас не видел. Взяли лопаты и пошли на огород. Луна светила, и всё было видно.

Пришли на огород.

– Вот наш участок, – говорит Мишка. – Видишь, и пень торчит.

Стали мы копать. На этот раз Мишка хорошо работал, и мы много вскопали. Дошли до пня и решили его выкорчевать. Обкопали со всех сторон и стали из земли тащить. Тащили, тащили, а он не лезет. Пришлось обрубать корни лопатой. Устали, как лошади! Всё-таки вытащили. Землю заровняли, а пень Мишка на соседний участок бросил.

Я говорю:

– Это ты нехорошо сделал!

– А куда его девать?

– Нельзя же на чужой участок!

– Ну, давай его в реку бросим!

Взяли мы пень и потащили к реке. А он тяжёлый! Насилу дотащили – и бултых в воду! Он поплыл по реке, как будто спрут или осьминог какой. Мы посмотрели ему вслед и пошли домой. Больше в этот раз уже не могли работать, устали очень. Да нам совсем небольшой кусочек осталось вскопать.

Утром проснулись мы позже всех. Всё тело у нас болит: руки болят, ноги болят, спина болит.

– Что это? – спрашивает Мишка.

– Перетрудились, – говорю, – слишком много работали.

Встали мы, размялись немного. За завтраком Мишка стал перед ребятами хвастать, что красное знамя достанется нам.

После завтрака все помчались на огород, а мы с Мишкой пошли не спеша. Куда нам спешить! Пришли на огород. Все, как кроты, роются, а мы ходим да посмеиваемся.

– Не видать вам знамени, – говорим, – как своих ушей!

Ребята отвечают:

– Вы бы работали! Только другим мешаете.

Тут Мишка говорит:

– А это вот чей участок? Совсем мало вскопано. И хозяев нет. Наверно, дрыхнут ещё!

Я посмотрел:

– Номер двенадцатый. Да это ведь наш участок!

– Не может быть, – говорит Мишка. – Мы больше вскопали.

– Мне, – говорю, – тоже казалось, что больше.

– Может быть, нарочно кто-нибудь номерки переменил?

– Нет, всё правильно. Вот одиннадцатый, а там тринадцатый.

Смотрим, и пень торчит. Мы растерялись даже.

– Послушай, – говорю я. – Если это наш участок, то откуда же пень взялся? Мы ведь его уже выкорчевали!

– Правда, – говорит Мишка. – Не мог же за ночь новый пень вырасти.

Вдруг слышим, Ваня Ложкин на своём участке кричит:

– Ребята, смотрите, какое чудо! У нас тут вчера пень был, а сегодня нету. Куда он делся?

Все побежали на это чудо смотреть. Подошли и мы с Мишкой.

«Что такое! – думаем. – Вчера у них и до половины не было вскопано, а сегодня совсем небольшой кусочек остался».

– Мишка, – говорю я, – да это ведь мы ночью по ошибке на их участке работали и пень им выкорчевали!

– Да что ты!

– Верно!

– Ах мы ослы! – говорит Мишка. – Да что же нам теперь делать? По правилу, они должны нам свой участок отдать, а себе пусть берут наш. Что мы, даром у них работали?

– Молчи! – говорю. – Хочешь, чтоб над нами весь лагерь смеялся?

– Что же делать?

– Копать, – говорю, – вот что!

Схватили мы лопаты. Да не тут-то было: руки болят, ноги болят, спина не разгибается.

Скоро Ваня Ложкин и Сенька Бобров на своём участке работу кончили. Витя поздравил их и отдал им красное знамя.

Они поставили его посреди участка. Все собрались вокруг и в ладоши захлопали.

Мишка говорит:

– Это неправильно!

– Почему неправильно? – спрашивает Витя.

– Потому и неправильно, что за них кто-то пень выкорчевал. Они сами сказали.

– А мы виноваты? – говорит Ваня. – Может быть, его кто-нибудь себе на дрова выкорчевал. Разве мы запрещать будем?

– А может быть, его кто-нибудь по ошибке вместо своего выкорчевал, – ответил Мишка.

– Тогда бы он здесь был, а его нигде нет, – сказал Ваня.

– А может быть, они его в реку бросили, – говорит Мишка.

– Ну что ты пристал: «может быть» да «может быть»!

– Может быть, вам и участок кто-нибудь ночью вскопал, – не унимался Мишка.

Я его толкаю, чтоб он не проговорился.

Ваня говорит:

– Всё может быть. Мы землю не меряли.

Пошли мы на свой участок и стали копать. А Ваня и Сенька стали рядом и хихикают.

– Вот работают! – говорит Сенька. – Будто во сне мочалку жуют.

– Надо их на буксир взять, – сказал Ваня. – У них ведь меньше всех вскопано.

Ну и взяли нас на буксир. Помогли нам копать и пень выкорчевать. Всё равно мы позже всех кончили.

Ребята говорят:

– Давайте на их участке, как на отстающем, поставим пугало.

Все согласились и поставили пугало на нашем участке. Мы с Мишкой обиделись. А ребята говорят:

– Добивайтесь, чтоб ваш участок стал лучшим, когда посадка и прополка будут, вот и уберём тогда с вашего огорода пугало.

Юра Козлов предложил:

– Давайте пугало ставить отстающим.

– Давайте, – обрадовались все.

– А осенью подарим тому, у кого будет самый плохой урожай, – говорит Сенька Бобров.

Мы с Мишкой решили стараться изо всех сил, чтоб отделаться от этого пугала. Только у нас так ничего и не получилось. Всё лето простояло оно на нашем участке, потому что на посадке Мишка всё перепутал и посадил свёклу там, где уже была морковка посажена, а при прополке вместо сорняков петрушку повыдергал. Пришлось на этом месте в спешном порядке редиску посадить. Сколько раз я хотел отделиться от Мишки, да никак не мог. «Кто же, – думаю, – в беде товарища покидает!» Так и маялся с ним до конца.

Зато осенью красное знамя нам с Мишкой досталось. У нас самый большой урожай помидоров и кабачков оказался.

Ребята стали спорить.

– Это неправильно! – говорили они. – Всё время были отстающие, и вдруг самый большой урожай!

Но Витя сказал:

– Ничего, ребята, всё правильно. Хоть они и отставали, но землю хорошо обрабатывали, старались и добивались, чтоб большой урожай был.

Ваня Ложкин сказал:

– У них земля была хорошая. А вот нам с Сеней скверная земля попалась. И урожай маленький, хоть мы и старались. За что же нам пугало подарили? Пусть они тогда и пугало берут себе, раз оно у них всё лето стояло.

– Ничего, – говорит Мишка, – мы возьмём и пугало. Давайте его сюда.

Все засмеялись, а Мишка сказал:

– Если б не это пугало, то мы и знамени не получили бы.

– Это почему же? – удивились все.

– Потому что на нашем участке оно ворон пугало, а на других вороны не боялись, вот и урожай получился меньше. И потом, из-за этого пугала мы не забывали, что нам надо стараться и работать лучше.

Я говорю Мишке:

– Зачем ты взял это пугало? Для чего оно нам?

– Ну, давай его в реку бросим, – говорит Мишка.

Взяли мы пугало и бросили в реку. Оно поплыло по реке, растопырив руки. Мы посмотрели ему вслед и стали в него камнями бросать. А потом пошли в лагерь.

В тот же день Лёшка Курочкин снял нас фотоаппаратом вместе со знаменем. Так что, если кому-нибудь хочется карточку, мы можем прислать.

Содержание

УДК 821.161.1-3-93
ББК 84(2Рос=Рус)6
Н84

Литературно-художественное издание

Для среднего школьного возраста

Серия «ЯРКАЯ ЛЕНТОЧКА»

НОСОВ Николай Николаевич

«ФАНТАЗЁРЫ» И ДРУГИЕ РАССКАЗЫ

Ответственный редактор *А. В. Купцова*
Художественный редактор *С. А. Карпухин*
Технический редактор *К. А. Путилова*
Корректор *Н. М. Соколова*
Верстка *Н. А. Козель*

ISBN 978-5-389-18061-1

Подписано в печать 26.03.2020. Формат 70×100 $^{1}/_{16}$.
Гарнитура «SchoolBook». Бумага офсетная.
Печать офсетная. Усл. печ. л. 9,1.
Тираж 10 000 экз. D-PSL-26630-01-R. Заказ № 2169/20.
Дата изготовления 16.04.2020.
Срок службы (годности): не ограничен.
Условия хранения: в сухом помещении.

112 с., с ил.

ООО «Издательская Группа «Азбука-Аттикус» —
обладатель товарного знака Machaon
115093, Москва, ул. Павловская, д. 7, эт. 2, пом. III, ком. № 1
Тел. (495) 933-76-01, факс (495) 933-76-19
E-mail: sales@atticus-group.ru

Филиал ООО «Издательская Группа «Азбука-Аттикус» в г. Санкт-Петербурге
191123, Санкт-Петербург, Воскресенская набережная, д. 12, лит. А
Тел. (812) 327-04-55
E-mail: trade@azbooka.spb.ru

ЧП «Издательство «Махаон-Украина»
Тел./факс (044) 490-99-01
e-mail: sale@machaon.kiev.ua

www.azbooka.ru; www.atticus-group.ru

Отпечатано в России.
Отпечатано в соответствии с предоставленными материалами
в ООО «ИПК Парето-Принт». 170546, Тверская область,
Промышленная зона Боровлево-1, комплекс № 3А
www.pareto-print.ru

Знак информационной продукции (Федеральный закон № 436-ФЗ от 29.12.2010 г.) 0+

Товар соответствует требованиям ТР ТС 007/2011 «О безопасности продукции,
предназначенной для детей и подростков».